Comunicando-se com o Arcanjo Gabriel
Para Inspiração e Reconciliação

Richard Webster

Comunicando-se com o Arcanjo Gabriel

Para Inspiração e Reconciliação

Tradução:
Julia Vidili

Publicado originalmente em inglês sob o título *Gabriel: Communicating with the Archangel for Inspiration & Reconciliation* por Llewellyn Publications St. Paul, MN 55125, USA — www.llewellyn.com
© 2006, Richard Webster.
Direitos de edição e tradução para o Brasil.
Tradução autorizada do inglês.
© 2013, Madras Editora Ltda.

Editor:
Wagner Veneziani Costa

Capa:
Equipe Técnica Madras

Revisão:
Alessandra J. Gelman Ruiz
Neuza Aparecida Rosa Alves
Wilson Ryoji Imoto

CIP-BRASIL. CATALOGAÇÃO-NA-FONTE
SINDICATO NACIONAL DOS EDITORES DE LIVROS, RJ.

W389c
Webster, Richard, 1946-
Comunicando-se com o Arcanjo Gabriel/Richard Webster; tradução Julia Vidili. - São Paulo: Madras, 2013
ISBN 978-85-370-0046-5
Tradução de: Communicating with the Archangel Gabriel

1. Gabriel, Arcanjo. 2. Intuição - Aspectos religiosos. 3. Reconciliação - Aspectos religiosos. 4. Vida espiritual. I. Título.

06-0117.		CDD 291.215
		CDU 291.215
10.01.06	13.01.06	012917

Proibida a reprodução total ou parcial desta obra, de qualquer forma ou por qualquer meio eletrônico, mecânico, inclusive por meio de processos xerográficos, incluindo ainda o uso da internet, sem a permissão expressa da Madras Editora, na pessoa de seu editor (Lei nº 9.610, de 19.2.98).

Todos os direitos desta edição, em língua portuguesa, reservados pela

MADRAS EDITORA LTDA.
Rua Paulo Gonçalves, 88 — Santana
02403-020 — São Paulo — SP
Caixa Postal 12183 — CEP 02013-970 — SP
Tel.: (11) 2281-5555 — Fax: (11) 2959-3090
www.madras.com.br

*Para meus bons amigos
Dusty e Mary Cravens*

Índice

Introdução 11

Capítulo Um: Quem é Gabriel? 17
   Gabriel na tradição cristã 18
   Gabriel na tradição islâmica 20
   Gabriel na tradição judaica 23
   Gabriel na arte 26
   Gabriel na literatura 27
   Gabriel hoje 28
   Dúvida e medo 30
   Orientação 30
   Inspiração 31
   Purificação 32
   Ajudando os outros 33

Capítulo Dois: Como Entrar em Contato com Gabriel 35
   Centro de Gabriel 35
   Ritual de Relaxamento 36
      Preparação 36
      Relaxamento 36
      Convite 38
      Comunicação 39
   Outros métodos 39
   Invocando os arcanjos 40
   Ritual de orientação 42
   Ritual do corpo, da mente e da alma 43
   Ritual da oração noturna 45
   Ritual do acesso imediato 46

Capítulo Três: Como Pedir Auxílio 49
    Iniciador mental 52
    Trabalhador mental 52
    Finalizador mental 52
    Iniciador físico 52
    Trabalhador físico 53
    Finalizador físico 53
    Iniciador emocional 53
    Trabalhador emocional 53
    Finalizador emocional 53
    Iniciador intuitivo 53
    Trabalhador intuitivo 54
    Finalizador intuitivo 54
    Como abordar Gabriel para percepções espirituais 54
    Como pedir ajuda a Gabriel para encontrar
    seu verdadeiro caminho 56
    Como pedir purificação a Gabriel 57
    Como pedir clareza a Gabriel 58
    Enviando uma carta a Gabriel 60

Capítulo Quatro: Como Entrar em Contato com Gabriel
                            todos os Dias 63
    Ritual de agradecimento 64
    Criação do mudra cósmico 64
    Respiração abdominal 65
    Entrando em contato com Gabriel 66
    Expressando seu agradecimento 66
    Gabriel e a morte 67

Capítulo Cinco: Magia do Cordão 69
    A escada das bruxas 72
    O nó de Gabriel 76
    Bolsa de Gabriel 76

Capítulo Seis: Gabriel, Perfumes e Aromas 79
    Incenso 80
    Óleos essenciais 82
    Pout-pourri 83
    Sachês 84

Banhos 84
Sabonetes 85
Pomânderes 85
Flores 86

Capítulo Sete: Gabriel e a Água 87
  Os elementos 87
    Fogo 88
    Terra 88
    Ar 88
    Água 89
  Divinação 89
  Como ler na água 93
  Divinação e escrita automática 95
  Divinação na água na vida cotidiana 96
  Divinação nas ondas 96
  Os sons da divinação 97
  Poços do desejo 98
  Magia do brejo 99
  Meditação na água 100
  Magia da xícara 101
  Água de Gabriel 102

Capítulo Oito: Gabriel e os Cristais 105
  Lápis-lazúli 106
  Água-marinha 108
  Topázio azul 108
  Turmalina azul 108
  Calcedônia 109
  Quartzo branco 109
  Quartzo neve 109
  Pedra-da-lua 109
  Pérola 110
  Safira 110
  Selenita 111
  Tanzanita 111
  Turquesa 111
  Purificando seu cristal 112
  Meditação com cristais 113

Como o cristal de Gabriel pode capacitar você
a realizar seus desejos 114
Usando seu cristal para purificação 115

Capítulo Nove: Gabriel e os Chacras 117
    Chacra raiz 117
    Chacra sacro 118
    Chacra do plexo solar 118
    Chacra do coração 118
    Chacra da garganta 119
    Chacra da sobrancelha 119
    Chacra da coroa 119
    Equilíbrio dos chacras 120
    Limpeza dos chacras 122
    Gabriel e o chacra sacro 122
    O chacra da sobrancelha 125

Capítulo Dez: Gabriel e a Árvore da Vida 127
    Atziloth 129
    Briah 130
    Yetzirah 130
    Assiah 130
    As tábuas faiscantes 131

Capítulo Onze: Conclusão 137

Sugestões de Leitura 139

Índice Remissivo 141

Introdução

Anjos são seres compostos de espírito. Seu propósito principal é servir e adorar a Deus. Também realizam missões de Deus e servem à humanidade de muitos modos, por exemplo, revelando verdades divinas e ajudando as pessoas a obter a salvação.

Anjos conseguem mudar de forma. Eles já apareceram aos humanos disfarçados de homens, mulheres e crianças. De fato, a representação popular de um anjo é de um ser belo, jovem e que veste mantos esvoaçantes, usa auréola e grandes asas. Essa pode ser uma descrição exata em alguns momentos, mas os anjos têm a capacidade de se mostrar na forma que desejarem.

Anjos não têm sexo, mas reúnem as melhores qualidades dos homens e das mulheres, o que os capacita a servir a Deus da melhor maneira possível. São imortais, no sentido de que não morrem como nós; porém, não são eternos, já que apenas Deus é eterno.

A palavra "anjo" deriva do grego *angelos*, que significa "mensageiro". Em 1951, o papa Pio XII declarou que o arcanjo Gabriel é o santo padroeiro dos que trabalham com serviços postais, o que significa que o supremo mensageiro olha por aqueles que entregam mensagens. Gabriel é a escolha perfeita para isso, uma vez que, segundo uma antiga lenda judaica, ele se apresentou a Abraão com as palavras: "Sou o anjo Gabriel, mensageiro de Deus".[1] Além disso, é claro, Gabriel foi portador da mais importante de todas as

---

1. Louis Ginzberg, *The Legends of the Jews*, Vol. 1, trad. Henrietta Szold (Philadelphia, PA: The Jewish Publication Society of America, 1909), p. 189.

mensagens quando visitou a Virgem Maria e disse que ela daria à luz Jesus Cristo.[2]

Os anjos vêm trabalhando como mensageiros divinos há milhares de anos. São considerados intermediários entre Deus e a humanidade nas tradições religiosas da maioria das crenças e representam esse papel até hoje. Obviamente, também serviram de mediadores entre Jesus e o Pai celestial.

Porém, os anjos são muito mais do que seres que simplesmente distribuem mensagens. Eles estão constantemente ao lado do trono de Deus (Gênesis 32:1; Salmos 103:21; 1 Reis 22:19; Jó 1:6). Possuem um forte senso do que é certo e errado (II Samuel 14:17). Regozijam-se sempre que um pecador se arrepende. Porém, se necessário, podem punir os maus (Gênesis 22:11; Êxodo 14:19; Números 20:16; Salmos 34:7). Também protegem os bons. Fazem companhia às pessoas que oram e levam as almas dos justos para o Céu. Podem mudar de forma quando, e se, necessário. As eternas palavras tratam disso: "Não negligencieis a hospitalidade, pois alguns, praticando-a, sem saber acolheram anjos" (Hebreus 13:2). Os anjos trabalham incessantemente para Deus e estarão presentes na ocasião de Seu segundo advento.

Na tradição islâmica, dois anjos são atribuídos a cada pessoa no nascimento. Enquanto um deles registra as boas ações dela, o outro escreve as más. Felizmente, as más ações são anotadas somente depois que a pessoa adormecer, o que lhe deixa algumas horas para que se arrependa. Se isso ocorrer, o registro mostra que Deus perdoou aquela pessoa.

---

2. Neste livro refiro-me a Gabriel como mulher. Por causa de seu papel de protetor da gravidez e do nascimento, ele normalmente é considerado um ente feminino. Apesar de a Bíblia dizer que os anjos não têm sexo (Mateus, 22:30) eles sempre aparecem sob a forma humana como homem. São retratados pelos artistascomo lindas moças ou crianças saudáveis. Todavia, na realidade, os anjos são vistos como seres brilhantes, reluzentes, e não como pessoas.

N. T.: Optei por não seguir a orientação do autor quanto ao gênero de Gabriel por causa das diferenças na atribuição de gênero às palavras em inglês e em português. Em inglês, a maioria dos substantivos e adjetivos não tem gênero; o uso de nomes masculinos ou femininos na língua portuguesa dificultaria a compreensão do texto pelo leitor brasileiro caso Gabriel fosse considerado do sexo feminino. Cito como exemplo as palavras "anjo" e "arcanjo", neutras em inglês. Não se poderia dizer, por exemplo, "O arcanjo Gabriel é a mensageira dos deuses". Uma palavra como "arcanja" não existe na língua portuguesa, nem acho que faria sentido criá-la.

Os anjos, obviamente, também são responsáveis por cuidar dos bons e dos inocentes. Os primeiros sacerdotes cristãos ensinavam que cada ser humano recebe um anjo guardião no nascimento. O anjo realiza essa tarefa não apenas como uma obrigação devida a Deus, mas também por ter sentimentos de amor pela pessoa que está sendo protegida. O anjo da guarda trabalha para o "seu humano" até que a alma dessa pessoa seja levada ao céu. Se necessário, o anjo da guarda visitará seu protegido no purgatório. Em *A Divina Comédia*, Dante* descreve como as almas no purgatório eram confortadas por seus anjos da guarda.[3] Rafael é considerado o príncipe dos anjos guardiães.

Jesus expressava uma crença em anjos (Mateus 26:53; João 1:51) e era ajudado por eles nos momentos de crise. Em Mateus 4:11, anjos auxiliaram-no quando foi tentado pelo diabo. No Monte das Oliveiras, Jesus ajoelhou-se e orou "dizendo: 'Pai, se queres, afasta de mim este cálice; contudo, não se faça a minha vontade e sim a Tua'. Então apareceu-lhe um anjo do Céu que o confortou" (Lucas 22: 42-43).

A Igreja cristã primitiva interessava-se muito por tudo o que se relacionava a anjos; os estudiosos tentaram imediatamente classificá-los em grupos ou hierarquias. As mais conhecidas foram criadas no século VI por Dionísio, o Areopagita, em um livro chamado *As Hierarquias Celestiais*. A maioria das classificações posteriores de anjos baseou-se em seu trabalho. Sua sequência é a seguinte:

1. Serafim
2. Querubim
3. Tronos
4. Domínios
5. Virtudes
6. Potências
7. Principados
8. Arcanjos
9. Anjos

---

* N. E.: Sugerimos a leitura de *Dante — O Grande Iniciado* de Robert Bonnell, lançamento da Madras Editora.
3. Dante Alighieri, *A Divina Comédia*. Originalmente escrita em italiano entre 1300-1321, possui muitas traduções disponíveis. *A Divina Comédia* é considerada um dos maiores poemas do mundo. Trata-se de uma visão em que Dante visita o inferno, o purgatório e o paraíso.

De muitos modos, essa lista é surpreendente, já que os arcanjos estão na penúltima posição. Eles também são postos na mesma posição nas hierarquias criadas por Santo Ambrósio, São Jerônimo, São Gregório e João de Damasco. Porém, há arcanjos em ambos os lados do trono de Deus, o que demonstra sua importância. Dionísio organizou seus anjos deliberadamente. Os mais elevados tratavam de assuntos cósmicos, enquanto os mais baixos cuidavam de questões da Terra.

A Igreja cristã considerava os anjos um assunto difícil de se tratar. O primeiro Concílio Ecumênico em 325 d.C. aceitou-os como uma realidade e decretou que as pessoas deviam fazer uso do mundo angelical para atingir o Céu. Porém, menos de 20 anos depois, essa declaração foi rescindida, pois os membros do conselho julgaram que qualquer interesse nos anjos afastava a ênfase em Cristo. Em 787 d.C., o sétimo Sínodo Ecumênico concluiu que os anjos podem agir como ligações entre Deus e a humanidade.

No século XIII, São Tomás de Aquino (1225-1274) escreveu seu *Summa Theologica*, que explicava a comunicação dos anjos, como eles viajavam e por que eram essenciais à vida na Terra. Ele acreditava que os anjos eram puro intelecto, mas que podiam usar a energia mental para criar uma forma física sempre que necessário.

No século XVIII, Emanuel Swedenborg (1688-1772), um eminente cientista e filósofo sueco, escreveu alguns livros a respeito de suas comunicações com anjos e suas visitas ao céu. Achava que apenas algumas poucas pessoas tinham a oportunidade de falar diretamente com anjos, mas que todos podiam se beneficiar por aprender mais sobre eles.

O interesse em anjos gradualmente decaiu desde o tempo de Swedenborg, e mesmo nas igrejas cristãs eles se tornaram uma espécie de incômodo. Porém, nas últimas décadas, o interesse aumentou dramaticamente; pesquisas mostram que 69 % dos americanos acreditam em anjos e que 46 % sentem que têm um anjo da guarda a zelar por eles. Trinta e dois por cento dos americanos já sentiram uma presença angelical.[4] Tenho certeza de que essas porcentagens aumentarão à medida que mais pessoas forem apresentadas ao mundo dos anjos. Certamente, parece haver cada vez mais encontros

---

4. Harold Bloom, *Omens of the Millenium: The Gnosis of Angels, Dreams and Ressurrection* (New York, NY: Riverhead Books, 1996), p. 42.

angelicais, mesmo entre pessoas que anteriormente não haviam mostrado qualquer interesse pelo assunto.

Arcanjos são espíritos individualizados mais envolvidos com o quadro geral que com os detalhes. Tratam a humanidade como um todo, e não como membros individuais da raça humana. É por isso que arcanjos com frequência zelam por nações inteiras, já que estão preocupados com a sobrevivência e o bem-estar do país, mais que com os milhões de seres individuais que por acaso vivem ali.

As principais características dos quatro arcanjos mais famosos são bem conhecidas. Miguel é o encarregado do exército celestial e frequentemente é visto nas obras de arte lutando contra uma serpente ou dragão, que simboliza Satã. Ele traz coragem e liderança. Gabriel é um mensageiro de Deus e normalmente é representado nesse papel nas obras de arte. A Anunciação, em que Gabriel conta a Maria que ela daria à luz um filho, é o principal exemplo disso. Gabriel traz inspiração, intuição e comunicação. Rafael é o guardião da humanidade, com frequência representado como um peregrino ou viajante. É o médico divino e traz a compaixão e a cura. Uriel é o intérprete de profecias e normalmente traz um pergaminho ou um livro. Normalmente é mostrado em seu encontro com os discípulos na estrada para Emaús (Lucas 24:13-35). Uriel traz a paz e a devoção divinas.

Cada arcanjo tem uma área específica de responsabilidade e normalmente está interessado no quadro geral. Sua tarefa é ajudar a humanidade como um todo. Porém, também estão dispostos a ajudar-lhe sempre que precisar. Se você precisar de auxílio ou orientação, basta pedir.

O propósito deste livro é mostrar como trabalhar com Gabriel. Ele está disposto a ajudar você a superar as limitações e a atingir os objetivos. Há também uma ligeira possibilidade de que ele lhe peça para ajudá-lo de algum modo. Se isso acontecer, será porque ele o escolheu para realizar uma tarefa que beneficiará a todos.

Uma vez que você dê as boas-vindas aos anjos e arcanjos em sua vida, estará sempre consciente das visitações angelicais e sua vida será melhorada e enriquecida de muitos modos diferentes.

Gabriel está à espera. No Capítulo Um vamos conhecer sua história e o que ele representa. Depois de tratar disso, passaremos a discutir as diversas maneiras pelas quais você pode se corresponder com Gabriel. Nada disso tornará sua vida perfeita, mas a comunicação regular com ele assegurará a sua permanência nos trilhos e o cumprimento de seu propósito nesta encarnação.

Capítulo Um

Quem é Gabriel?

No sexto mês o anjo Gabriel foi enviado por Deus para uma cidade da Galileia, chamada Nazaré, a uma virgem desposada por certo homem da casa de Davi, cujo nome era José; a virgem chamava-se Maria. E, entrando o anjo onde ela estava, disse: "Alegra-te, muito favorecida! O Senhor é contigo". Ela, porém, ao ouvir essas palavras, perturbou-se muito e pôs-se a pensar no que significaria essa saudação. Mas o anjo disse-lhe: "Maria, não temas, porque achaste graça diante de Deus. Eis que conceberás e darás à luz um filho, a quem chamarás pelo nome de JESUS".

Lucas 1:26-31

Gabriel é um dos dois únicos anjos mencionados pelo nome na Bíblia (o outro é Miguel. Rafael é citado nos *Apócrifos*, incluídos na Bíblia católica). Gabriel, Miguel e Rafael são os únicos três arcanjos reconhecidos pela Igreja Católica Romana. O nome "Gabriel" significa "Deus é minha força" ou "Deus é poderoso". O nome de todos os arcanjos termina com "el". *El* significa brilho ou resplandecência. *Gabri* significa "governador". Consequentemente, uma tradução direta do nome Gabriel seria "governador da luz". Na *História de José, o Carpinteiro*, Gabriel é chamado "o arauto da luz".[5]

---

5. Anônimo, *History of Joseph the Carpenter* in J. L. Warr, *Christian Pseudepigraphic Texts*, editado por Lionel Sumner (Edinburgh, Scotland: Seager and Sons, 1911). Nesse livro, Gabriel também é chamado "o príncipe dos anjos". Porém, mais adiante, esse título também é dado a Miguel. Na angeologia judaica, Miguel é considerado superior a Gabriel e seria o único arcanjo merecedor do título de "príncipe". Isso

Gabriel na tradição cristã

Gabriel aparece na Bíblia como um mensageiro de acontecimentos importantes. O mais famoso exemplo disso foi quando ele visitou a Virgem Maria e disse-lhe para se preparar para o nascimento de Jesus Cristo (Lucas 1:26-38). Acredita-se que a famosa oração católica "Ave Maria" seja a saudação usada por Gabriel ao visitar Maria.[6] O Corão (Surata 3:45-51) inclui também um relato desse encontro, conhecido como Anunciação.

Gabriel apareceu também a Zacarias para dizer que ele e sua esposa Isabel deveriam se preparar para o nascimento de João Batista (Lucas 1:5-25). Uma antiga lenda diz que Gabriel anunciou também o nascimento de Sansão. Por causa de sua íntima associação com a maternidade, algumas vezes Gabriel é chamado Anjo da Esperança; mulheres que tentam ficar grávidas por vezes pedem a ajuda dele. Na tradição judaica, acredita-se também que Gabriel instrua o bebê durante os nove meses que ele passa no útero.

Muitos cristãos acreditam também que Gabriel representou um papel importante em pelo menos três incidentes relacionados a Jesus. Acreditam ter sido Gabriel quem anunciou o nascimento de Cristo aos pastores. Teria sido também quem preveniu Maria e José de que os soldados de Herodes estavam em busca do rei recém-nascido. Finalmente, após a Ressurreição, muitas pessoas acreditam ter sido Gabriel quem empurrou a pedra usada para lacrar o túmulo de Jesus.

Gabriel também aparece em um momento anterior na Bíblia, quando ajuda Daniel a compreender o simbolismo de seus estranhos sonhos (Daniel 8:16-27). Daniel sonhara com um carneiro com dois chifres, derrotado por um bode com um só chifre. Gabriel disse-lhe que o carneiro simbolizava o império dos medas e dos persas. O bode representaria o rei dos gregos, que viria e os destruiria. Por fim, esse novo reino seria dividido em quatro partes. A visão realizou-se quase 200 anos depois, quando Alexandre, o Grande, e seu exército

---

também se relaciona a Daniel 12:1: "Nesse tempo se levantará Miguel, o grande príncipe, o defensor dos filhos do teu povo".

6. O texto desta oração é: "Ave Maria, cheia de graça, o senhor é convosco. Bendita sois vós entre as mulheres e bendito é o fruto do vosso ventre, Jesus. Santa Maria, mãe de Deus, rogai por nós pecadores, agora e na hora de nossa morte. Amém".

dominaram a maior parte do mundo conhecido. Gabriel voltou a visitar Daniel para lhe contar sobre a vinda do Messias e a destruição de Jerusalém (Daniel 9:21-27). Por causa disso, Gabriel é considerado o arcanjo dos sonhos, premonições e clarividência.

Uma história fascinante a respeito de Gabriel trata de uma carta supostamente escrita por ele em 78 d.C. que continha "os mandamentos de Jesus Cristo". Essa carta, obviamente forjada, tornou-se uma relíquia da Igreja primitiva; criou-se toda uma história sobre isso. Aparentemente, a carta, junto com a correspondência de e para Jesus, fora encontrada em 98 d.C. sob uma grande pedra, que uma criancinha conseguira empurrar. No lado de baixo dessa pedra estavam inscritas as palavras "Abençoado aquele que puder me virar".

Essas cartas, aparentemente escritas em hebraico, ainda existiam no início do século XIX; todavia, os originais nunca foram mostrados. Cópias das cartas eram vendidas na Inglaterra como talismãs e acreditava-se que trouxessem segurança ao parto e protegessem contra "pestilência, raios, trovões e outros males, como certificado pelas palavras do próprio Jesus".[7]

Um antigo texto monástico conta como o diabo representou o papel de Gabriel:

"O diabo apareceu para um irmão disfarçado como um anjo de luz e disse a ele: 'Eu sou Gabriel e fui mandado a ti'. O irmão disse a ele: 'Vede se não foi para outra pessoa que fostes mandado; quanto a mim, não sou digno disso' — e, imediatamente, o diabo desapareceu".[8]

No período medieval, o sino do *Angelus*, ou Ave, era conhecido como Sino de Gabriel. O *Angelus* é uma devoção católica romana recitada três vezes por dia, normalmente às 6 horas, ao meio-dia e às 18 horas. O sino do *Angelus* é tocado nessas horas, em honra da Anunciação. A oração inicia-se com as palavras: *Angelus Domini nuntiavit Mariae*, que significam: "O Anjo do Senhor traz notícias a Maria".

---

7. Jocelyn Rhys, *The Reliquary: A Collection of Relics* (London, UK: Watts and Company, 1930), p. 79.
8. Anônimo, *Apophthegmata patrum*. Trad. B. Ward e citado em B. Ward, *The Wisdom of the Desert Fathers* (Oxford, UK: Fairacres Press, 1975), p. 50.

Muito mais tarde, acredita-se que Gabriel tenha visitado Joana d'Arc e a encorajado a ajudar o Delfim, iniciando uma carreira que incluiria a libertação de Orleans dos britânicos em 1431.

De acordo com uma seita do século XIX chamada de Harmonistas, Gabriel apareceu ao líder deles, o Pai George Rapp (1757-1847), em New Harmony, Indiana, e chegou mesmo a deixar sua pegada em uma laje de pedra que ainda pode ser vista no quintal da residência dos Maclure-Owen.[9]

Em 1862, na Nova Zelândia, Gabriel visitou o profeta maori Te Ua Haumene e deu-lhe a força para se libertar das cordas que o aprisionavam. Te Ua, mais tarde, disse que Gabriel, Miguel e "uma hoste de inúmeros espíritos auxiliadores" apareceram em volta dele.[10]

Na tradição cristã, é Gabriel quem sopra a trombeta para despertar os mortos no Juízo Final. Os muçulmanos acreditam que essa tarefa será realizada por Israfel. Cole Porter usou esse tema para a canção *Blow, Gabriel, Blow* em seu musical de 1934, *Anything Goes*.

Gabriel na tradição islâmica

Na tradição islâmica, acredita-se que Gabriel ensinou a Noé como construir a arca. Gabriel também teria ordenado que os anjos da segurança levassem a Noé a madeira dos famosos cedros do Líbano. Noé construiu sua arca usando 124 mil tábuas e, em cada uma, estava inscrito o nome de um dos profetas. Para segurança, Deus enviou um anjo para inspecionar cada uma das tábuas da arca.

Gabriel, como Gibrail, ou Djibril, que é o equivalente masculino islâmico de Gabriel, também apareceu ao profeta Maomé e ditou-lhe o Corão, capítulo por capítulo. Por vezes, Gabriel aparecia a Maomé na forma de diferentes pessoas, mas, em certa ocasião memorável, Maomé perguntou se podia vê-lo como realmente era. No momento marcado, Gabriel surgiu com as asas abertas e sua imagem

---

9. James R. Lewis e Evelyn Dorothy Oliver, *Angels A to Z* (Detroit, MI: Gale Research Inc., 1996), p. 171.
10. Te Ua Haumene, citado em *Like Them That Dream: The Maori and the Old Testament* de Bronwyn Elsmore (Tauranga, NZ: The Tauranga Moana Press, 1985), p. 109.

ocupou todo o Céu. Uma vez ele viu Gabriel em uma nuvem e, em outra ocasião, ele demonstrou seu poder batendo 600 asas.[11]

Na tradição islâmica, considera-se que Miguel é 500 anos mais velho que Gabriel. Ele também é considerado o superior de Gabriel. No Céu, é Gabriel quem chama as pessoas a rezar, mas é Miguel quem conduz as orações.

Antes de receber o chamado de Alá, Maomé costumava passar grande parte do tempo meditando na caverna de uma montanha chamada Hira, que ficava a algumas milhas a nordeste de Meca. Estava nessa caverna quando o arcanjo Gabriel apareceu diante dele com a notícia de que Deus o escolhera para guiar a humanidade de volta ao caminho da retidão. Aparentemente, após a primeira visita de Gabriel, Maomé voltou à sua esposa, Cadija, preocupado com a experiência. Porém, após a segunda visita de Gabriel, Maomé retornou para casa, sabendo o que tinha a fazer. A religião do Islã foi o resultado. Cadija foi a primeira pessoa convertida por Maomé ao Islã.

Os muçulmanos também creem ter sido Gabriel quem apresentou a Abraão a Pedra Negra da Caaba. Os muçulmanos que fazem a peregrinação anual a Meca beijam essa pedra. Aliás, acredita-se que ela era originalmente branca, mas gradualmente ficou preta por absorver todos os pecados da humanidade. No Hadîth, um dos mais importantes livros sagrados do Islã, Gabriel é chamado de *al-Námus al-akbar*, que significa "o grande anjo a quem se confiam mensagens secretas".

Quando Maomé ascendeu ao Céu, Gabriel, o anjo islâmico da verdade, guiou-o ao longo de todos os sete céus. Em cada um dos céus ele foi cumprimentado por um profeta bíblico. Moisés saudou-o à entrada do sexto céu e, quando Maomé passou, Moisés chorou. Alguém perguntou-lhe o porquê, e ele respondeu: "Choro por causa de um jovem (Maomé), mandado depois de mim, e de cuja comunidade mais pessoas entrarão no Paraíso do que as de minha comunidade".[12]

---

11. Maulana Muhammad 'Ali, *The Religion of Islam: A Comprehensive Discussion of the Sources, Principles and Practices of Islam* (United Arabic Republic National Publication and Printing House, n.d.), p. 178.
12. Al-Baghawî, *Masābîh al-Sunna*, vol. 2 (Cairo, Egypt: Khairiya Editions, 1900), p. 170.

Uma fascinante história sufi conta como Gabriel ajudou Moisés a escrever a Torá em tábuas de ouro. Deus enviou Gabriel e 99 outros anjos para auxiliá-lo a atingir o estado de pureza necessário para fazê-lo. Cada anjo representava um aspecto de Deus e eles lhe ensinaram 124 mil palavras. Com cada nova palavra, Moisés era elevado a um novo nível, até que pôde ver apenas pura luz. Tendo atingido esse estado desejado, Gabriel disse aos outros anjos que insuflassem Moisés com os atributos que traziam. Então Gabriel encheu o coração de Moisés com o conhecimento que deveria ser escrito nas tábuas. Também ensinou Moisés a fazer ouro e, nas tábuas que criou, Moisés escreveu a Torá.[13]

Gabriel conhece todas as línguas do mundo e, durante uma única noite, ensinou a José todas as 70 línguas faladas na Torre de Babel. Esse feito promoveu José, um humilde escravo, à posição de segunda pessoa mais importante do lugar, à frente de todos os príncipes do faraó.[14]

Como todos os anjos, Gabriel pode mudar de aparência sempre que necessário. Quando Abraão viu-o, por exemplo, ele estava disfarçado como um homem; quando visitou Maomé, seu corpo escureceu metade do Céu. A experiência do sufi Ruzbehan Baqli foi totalmente diferente:

"Na primeira fila vi Gabriel, como uma donzela, ou como a Lua entre as estrelas. Seu cabelo era como o cabelo de uma mulher, caindo em longas tranças. Ele usava um vestido vermelho bordado com verde... Ele é o mais belo dos anjos... seu rosto é como uma rosa encarnada".[15]

Uma das mais espantosas histórias sobre Gabriel na tradição muçulmana é que ele inventou o café. Aparentemente, Maomé estava extremamente cansado e pronto para ir dormir. Gabriel trouxe-lhe um copo de café, que deu a Maomé a força necessária não só para derrotar 40 cavaleiros, como também para satisfazer 40 mulheres.

---

13. Shaykh Muhammad Hishim Kabbani, *Angels unveiled: A Sufi Perspective* (Chicago, IL: Kazi Publications, Inc., 1995), pp. 18-19.
14. Louis Ginzberg, *The Legends of the Jews,* vol. 2, trad. Henrietta Szold (Philadelphia, PA: The Jewish Publication Society of America, 1920), p. 72.
15. Ruzbehan Baqli, citado em *Angels: Messengers of the Gods*, de Peter Lamborn Wilson (London: Thames and Hudson Limited, 1980), p. 41.

Gabriel na tradição judaica

No Talmude, o mais importante livro de lei civil e religiosa da fé judaica, Gabriel é mostrado como o destruidor das hostes de Sennacherib. É também um dos anjos que enterraram Moisés e mostrou a José o caminho.

Os anjos também representam um papel importante na Cabala judaica. A vigília da meia-noite é mencionada muitas vezes no Zohar e é considerada um exercício cabalístico. A cada noite, Deus entra no Paraíso para celebrar com os justos. As árvores começam a cantar hinos e um vento do norte traz uma centelha que atinge o arcanjo Gabriel sob as asas. Essa centelha é o divino fogo de Deus. Gabriel dá um berro e desperta todos os galos, que começam a cantar. Isso acorda os piedosos, que estudam a Torá até a alvorada. Os cabalistas acreditam que os espíritos e demônios possuem poder apenas até o galo cantar.[16]

Gabriel é associado à Lua. De acordo com uma antiga lenda judaica, Deus, acompanhado por Gabriel e Miguel, ensinou a Moisés as complexidades do calendário, incluindo as diferentes formas da Lua.[17] Cada um dos sete planetas que podiam ser vistos pelos antigos tinha seu próprio anjo:

Sol — Rafael

Vênus — Aniel

Mercúrio — Miguel

Lua — Gabriel

Saturno — Kafziel

Júpiter — Zadkiel

Marte — Samael

---

16. Gershom G. Scholem, trad. Ralph Manheim, *On the Kabbalah and its Symbolism* (New York, NY: Schocken Books, 1965), pp. 147-148. Originalmente publicado por Rhein-Verlag, Zurich, 1960.
17. Louis Ginzberg, *The Legends of the Jews,* vol. 2, p. 362.

Gabriel é associado ao elemento água (porém, algumas tradições ligam Gabriel a Ar e, no *Terceiro Livro de Enoque*, conta-se que Gabriel rege o elemento Fogo). Isso faz dele o arcanjo dos riachos, rios, mares e oceanos. Ele zela por todos os que viajam por mar. Como a Água e a Lua simbolizam as emoções, Gabriel também é o arcanjo das emoções. A Lua também representa a feminilidade e Gabriel olha pelas mulheres, assim como pelos aspectos femininos dos homens. Essa associação com a Lua também significa que Gabriel rege a segunda-feira; sua pedra é a pedra-da-lua.

De acordo com Enoque, os arcanjos Miguel e Gabriel vivem no sétimo céu e ficam dos lados direito e esquerdo de Deus. Porém, Gabriel rege Makon, o sexto céu, enquanto Miguel rege Arabot, o sétimo céu. No Livro de Enoque, Gabriel é descrito como um dos anjos sagrados. Ele é encarregado do Paraíso e dos serafins e querubins (Enoque 20:7). Há muita confusão sobre o uso da palavra "serafim" nesse verso; ela já foi traduzida alternadamente como "serpente" e "dragão".[18]

De acordo com uma antiga lenda babilônica, Gabriel foi rebaixado por 21 dias de sua posição no sexto céu e substituído por Dubiel, o anjo guardião dos persas. Aparentemente, Jeová ficou bravo com o povo judeu por alguma razão e pediu a Gabriel para destruí-lo. Mandou que jogasse carvão em brasa sobre eles e que permitisse aos babilônicos matar os sobreviventes.

Gabriel lamentou pelos israelitas, provavelmente porque seu colega, o arcanjo Miguel, era o guardião do povo de Israel. Por causa disso, ele pediu que o anjo mais preguiçoso do Céu ajudasse-o. Esse anjo levava tanto tempo para passar os carvões para Gabriel que eles esfriavam antes que Gabriel os jogasse na Terra. Gabriel, em seguida, persuadiu os babilônicos a não matar os judeus; sugeriu que, em vez disso, os levassem como prisioneiros para a Babilônia.

Naturalmente, Jeová ficou desapontado com Gabriel, substituindo-o por Dubiel. Em apenas algumas semanas, com a ajuda de Dubiel, os persas oprimiram cruelmente o povo judeu. Isso teria continuado indefinidamente, mas, por sorte, Gabriel fez a Deus uma

---

18. J. T. Milik (editor), *The Books of Enoch: Aramaic Fragments of Qumrân Cave 4* (Oxford, GB: Oxford University Press, 1976), p. 231. Ver também: Matthew Black, *The Book of Enoch or I Enoch* (Leiden, Netherlands, 1985), p. 37.

boa sugestão e foi promovido novamente à sua antiga posição. Dubiel acabou por se tornar um dos anjos caídos.[19]

Embora Enoque localizasse Miguel e Gabriel nos lados direito e esquerdo de Deus, o mais usual é que o trono celestial esteja rodeado pelos quatro arcanos, com Miguel à direita, Uriel à esquerda, Rafael atrás e Gabriel na frente. Isso remonta ao tempo de Moisés.[20] Porém, os arcanjos tradicionalmente relacionam-se aos quatro pontos cardeais e aos quatro elementos, o que cria um posicionamento levemente diferente:

Leste	Ar	Rafael
Sul	Fogo	Miguel
Oeste	Água	Gabriel
Norte	Terra	Uriel

Há 2 mil anos, Gabriel era considerado o anjo da guerra e, por vezes, era chamado de "anjo severo". Isso não é de se surpreender, já que antigas lendas judaicas contam como Gabriel destruiu o acampamento de Senaqueribe, demoliu Sodoma e Gomorra e ateou fogo ao templo de Jerusalém.[21] Também lutou com Jacó por toda uma noite — embora, para ser justo, diversos outros anjos estivessem envolvidos também (Gênesis 32:24-32, Oseias 12:4). De fato, em certo momento, Gabriel chegou bem perto de destruir toda a população de Israel. Felizmente, Deus lembrou-lhe que havia algumas pessoas boas vivendo ali.

Ao longo dos tempos, essa visão de Gabriel foi mudando gradualmente. Na tradição judaica, acredita-se que ele seja o encarregado do tesouro celestial. John Milton expandiu esse conceito e fez dele o guardião do Céu: "Entre esses pilares rochosos Gabriel está, chefe dos guardas angelicais, esperando a noite" (*Paraíso Perdido* IV:550).

---

19. Matthew Bunson, *Angels A to Z* (New York, NY: Crown Trade Paperbacks, 1996), pp. 81 e 115.
20. Louis Ginzberg, *The Legends of the Jews,* vol. 3, trad. Henrietta Szold (Philadelphia, PA: The Jewish Publication Society of America, 1911), pp. 231-232.
21. Louis Ginzberg, *The Legends of the Jews,* vol. 5, trad. Henrietta Szold (Philadelphia, PA: The Jewish Publication Society of America, 1925), p. 71.

No Zohar II, 11a-11b, conta-se que Gabriel é responsável pela alma. Quando alguém morre, é ele quem recebe a alma da pessoa e leva-a ao seu novo lar, determinado pelas ações passadas do falecido. Quando é hora de a alma reencarnar, Gabriel acompanha o espírito de volta à Terra.

Gabriel na arte

Gabriel é uma figura popular em trabalhos de arte religiosos; normalmente é representado com um lírio ou uma trombeta. O lírio vem de um versículo do *Cântico de Salomão*, que se supõe referir-se à pureza de Maria: "Eu sou a rosa de Sarom, o lírio dos vales" (Salomão 2:1). A trombeta é um símbolo evidente do Juízo Final. Gabriel é mostrado tocando uma trombeta no Julgamento, a 20ª carta dos Arcanos Maiores do baralho do Tarô.

Antigas pinturas, por vezes, representam Gabriel com um cetro. Ocasionalmente, ele é retratado com um escudo e uma espada. Ao longo dos anos, muitos artistas criaram sua versão de Gabriel, como Leonardo da Vinci, Barbieri, Martini, Angelico, Rafael, Dante Gabriel Rossetti e Peter Paul Rubens, que pintou seis versões da Anunciação.

Supreendentemente, até o século XI, os artistas raramente usavam a Anunciação como tema. Por volta do século XIII, esse tornou-se um dos temas mais comuns na arte religiosa. Na Itália, os artistas frequentemente pintavam Gabriel e a Virgem Maria em telas separadas. As duas pinturas eram colocadas em lados opostos do altar, com a Virgem Maria do lado direito e Gabriel à esquerda. Mesmo quando dividiam a mesma pintura, um pilar ou outro ornamento normalmente mantinha-os separados. Nas primeiras pinturas da Anunciação, Gabriel recebe o papel principal. Porém, por volta do início do século XIV, os papéis inverteram-se e Maria tornou-se a figura principal, tomando Gabriel um papel subserviente. Algumas vezes, Maria era mostrada em um belo trono, usando uma coroa de pedras preciosas e flores, aceitando a mensagem de Gabriel. Há no Louvre uma magnífica pintura de Fra Bartolommeo (1472-1517) chamada "A Anunciação, com os Santos Margarida, Maria Madalena, Paulo, João Batista, Jerônimo e Francisco" (1515), que mostra a Virgem Maria sentada em um trono. Gabriel, com um lírio na mão, está acima dela, descendo ao chão. Os santos dão toda a atenção à

Virgem Maria. Essa pintura mostra claramente o quão popular e venerada Maria tornara-se.

Uma escultura de Gabriel que eu particularmente aprecio fica na catedral de Reims, na França. É parte de um enorme agrupamento de esculturas que decoram um pórtico. Cada figura levemente alongada fica em seu próprio pedestal e parece perfeitamente à vontade naquela imensa catedral. Duas dessas esculturas representam a Anunciação. Gabriel está sorrindo para Maria, que parece solene e preocupada. Infelizmente, uma das asas de Gabriel perdeu-se nos últimos 800 anos, mas, apesar dos desgastes do tempo, as figuras ainda parecem frescas e inspiradoras. A expressão dos rostos, os detalhes das vestimentas e mesmo as penas da asa sobrevivente revelam a habilidade daqueles artistas há muito esquecidos.

Gabriel na literatura

Gabriel aparece casualmente na literatura. No poema épico de John Milton, *Paraíso Perdido*, ele é o responsável pela captura de Satã, que se recusa a responder quaisquer questões e voa de volta para o inferno.

Gabriel é mencionado de vez em quando nos diários do dr. John Dee, o grande filósofo e mago elizabetano. Em dada ocasião, Gabriel surgiu e disse a John Dee que sua esposa Jane estava grávida, o que era verdade. Deu então a Dee alguns conselhos sobre as dificuldades que Jane estava tendo com a gravidez. A 13 de julho de 1584, no 57º aniversário de Dee, Gabriel apareceu e disse a Dee que ele possuía as chaves para os "armazéns [de Deus]... nos quais encontrarás (se entrares com sabedoria, humildade e paciência) tesouros mais valiosos que as molduras dos céus".[22]

Na primeira cena do *The Green Pastures*, uma peça de Marc Connelly que foi apresentada pela primeira vez em 1930, Gabriel é mostrado ajudando Deus a realizar seu trabalho em seu escritório celestial no Céu. Gabriel apanha sua trombeta e Deus avisa-o para não tocar até o dia do Juízo Final. Gabriel diz a Deus que ele não visitou

---

22. John Dee, citado em Benjamin Woolley, *The Queen's Conjuror: The Life and Magic of Dr. Dee* (London: HarperCollins, 2001), p. 238.

a Terra nos últimos 400 anos. O resto da peça conta novamente grande parte da história do Gênesis e termina com Deus de volta ao Céu rodeado por anjos. Ele diz a Gabriel que a misericórdia vem pelo sofrimento e que mesmo Deus deve sofrer.

Gabriel hoje

Christopher Knight e Robert Lomas,* autores de *The Second Messiah* e *Uriel's Machine,* propõem um enredo pouco ortodoxo e altamente controverso a respeito de Gabriel. Sua teoria é de que anjos foram rebaixados de sua posição original como deuses e tornaram-se mediadores, agindo como mensageiros entre Deus e a humanidade. Como tal, eram por vezes descritos como homens. Um exemplo pode ser encontrado em Josué 5:13: "Estando Josué ao pé de Jericó, levantou os olhos e olhou: e eis que se achava em pé diante dele um homem que trazia na mão uma espada nua". Como anjos podiam virar homens, é possível que, quando Gabriel visitou a Virgem Maria para dizer que ela conceberia, tenha-a inseminado com sua própria semente divina.[23]

Hoje, considera-se que Gabriel traz alegria, amor, felicidade e esperança à raça humana. Ele também se relaciona a reinícios, rejuvenescimento, ressurreição e renascimento. Em consequência de seu trabalho com a Virgem Maria e Isabel, também acredita-se que ele esteja envolvido com a gravidez e o nascimento, fazendo todo o necessário para ajudar a mãe. Quando uma mulher quer conceber, Gabriel está preparado para auxiliar. Os antigos judeus acreditavam que Gabriel também instruía o bebê quando ele estava no útero. Por todas essas razões, ele é conhecido como o Anjo da Anunciação.

Uma das mais encantadoras histórias a respeito de Gabriel está relacionada ao seu papel como arcanjo do nascimento. Ele escolhe cuidadosamente as almas no Céu que devem nascer. Ele ensina ao bebê ainda não nascido sua missão na encarnação física e o faz jurar que manterá esse conhecimento em segredo. Esse silêncio é reforçado

---

* N. E.: Desses autores sugerimos a leitura de: *O Livro de Hiram*, *Girando a Chave de Hiram* e *Uriel's Machine*, lançamentos da Madras Editora.

23. Christopher Knight e Robert Lomas, *Uriel's Machine* (Gloucester, MA: Fair Winds Press, 2001), p. 135.

porque Gabriel pressiona o dedo sobre os lábios do bebê, criando a fenda palatal sob o nariz.

Também gosto da história sobre Gabriel registrada por William Blake em seu diário. Haviam-lhe encomendado o desenho de um anjo, mas ele estava tendo dificuldades. Perguntou a si mesmo: "Quem pode pintar um anjo?" Imediatamente, ouviu uma voz que dizia: "Michelangelo podia". William Blake olhou em volta, mas não viu ninguém. "Como você sabe?", perguntou ele. A estranha voz respondeu: "Eu sei, porque posei para ele. Sou o Arcanjo Gabriel". William Blake ficou atônito com essa resposta, mas ainda estava desconfiado. Afinal de contas, essa voz podia ser de um espírito maligno disfarçado de Gabriel. Pediu mais provas. "Será que um espírito mau pode fazer isso?", a voz respondeu. William Blake imediatamente percebeu uma forma brilhante, com grandes asas. A forma irradiava pura luz. O anjo ficou cada vez maior e o telhado do estúdio de Blake abriu-se; Gabriel subiu ao Céu. O diário de William Blake registra que Gabriel em seguida "moveu o Universo". Ele não explica exatamente como isso aconteceu, mas escreve que estava convencido de ter visto Gabriel.[24]

Gabriel auxilia nas visões e também pode ajudar a ter percepções do futuro. Isso remonta ao tempo em que ele ajudava Daniel a compreender suas visões.

Porém, Gabriel ainda é forte e oposto ao mal em qualquer forma. Tradicionalmente, sua direção é o oeste. Considera-se que nesse lado o mal vive, porque é onde o sol se põe à noite, cobrindo a Terra de escuridão, que pode ser interpretada como algo negativo.

Você pode pedir a ajuda de Gabriel sempre que se sentir desanimado, precisar superar a dúvida ou o medo ou desejar orientação, inspiração, intuição ou purificação. Se se sentir preso, emboscado ou simplesmente tiver caído na rotina, faça um apelo a Gabriel para ajudá-lo a mudar e começar a se mover para a frente novamente. Ele pode ajudá-lo a controlar hábitos negativos, como o de fofocar ou de mentir para si mesmo. Gabriel está preparado para curar a criança interior. Você precisa apenas pedir. Naturalmente, também pode pedir a Gabriel que mande cura e ajuda para alguém que esteja precisando disso.

---

24. Theolyn Cortens, *Living with Angels: Bringing Angels into Your Everyday Life* (London: Judy Piatkus (Editores) Limited, 2003), pp. 39-40.

Dúvida e medo

É impossível ter uma vida plena e rica quando se é constantemente estorvado por dúvidas e temores. É triste que tantas pessoas estejam aflitas por essa razão. As dúvidas em relação a si mesmas impedem que muitas delas realizem seus objetivos. Medos, frequentemente imaginários, mantêm os indivíduos aprisionados em uma pequena zona de conforto feita por eles mesmos. Felizmente, Gabriel pode ajudar a romper esses grilhões, se eles estiverem impedindo você de realizar seus sonhos.

Quando encontrei Lorraine pela primeira vez, ela tinha pouco mais de 40 anos e vivia sozinha desde o fim de seu casamento, dez anos antes. Estava desesperadamente sozinha e veio a uma de minhas aulas de desenvolvimento psíquico principalmente para encontrar pessoas com disposição de mente semelhante. Todos os dias, na hora do almoço, ela se sentava com diversas outras pessoas na lanchonete da empresa. Uma delas era um homem de quem ela gostava e tinha certeza de que era correspondida. Porém, sempre que ele fazia alguma tentativa de conhecê-la melhor, ela o repelia. Embora estivesse solitária, tinha medo de iniciar outro relacionamento.

Logo que Lorraine travou conhecimento com Gabriel e percebeu que ele a estava protegendo e guiando, conseguiu baixar gradualmente a guarda e a amizade pouco a pouco desenvolveu-se.

"Eu fui tola, na verdade", disse-me ela mais tarde. "Éramos duas pessoas solitárias, mas eu tinha tanto medo que não podia permitir que ninguém entrasse em minha vida. Tenho sorte de Bill ter sido tão paciente."

Se medos, dúvidas e preocupações estão atrasando você em qualquer área da vida, peça a Gabriel para ajudá-lo a resolver o problema.

Orientação

Gabriel quer que você tenha uma vida feliz e plena; ele oferece orientação e ajuda sempre que pedir. Se você estiver se sentindo perdido e não fizer ideia de para onde está indo na vida, peça auxílio a ele. Se estiver planejando uma atitude importante ou tiver uma grande decisão a tomar, pergunte a Gabriel. Se encontrar uma pessoa nova e estiver pensando em iniciar um novo relacionamento, peça orientação a Gabriel.

Brenda, uma mulher com quem trabalhei há muitos anos, passara a maior parte de sua carreira como recepcionista. Estava cansada disso, mas não tinha ideia do que mais poderia fazer. Sua irmã havia feito relativo sucesso vendendo bens imobiliários e encorajou Brenda a começar a fazer a mesma coisa. Brenda imediatamente descartou a oferta, já que nunca vendera nada antes. Porém, o pensamento permaneceu no fundo de sua mente. Ela sempre se interessara por casas e as amigas diziam-lhe que tinha talento para a decoração. Um ano inteiro se passou antes que ela fizesse algo a respeito. Após um dia extremamente ruim no trabalho, ela pediu a orientação de Gabriel. Um mês depois, começava a trabalhar na nova carreira.

"Foi uma experiência espantosa", contou-me. "Gabriel reafirmou tudo o que eu sentia — que estava estagnada, aborrecida, incompleta e infeliz. Ele sabia que eu estava mais do que pronta para mudar. Quando mencionei bens imobiliários, ele me disse que eu estava bem preparada para isso e que deveria começar imediatamente. Segui o conselho e desde então não olhei para trás. Eu devia ter pedido ajuda anos atrás. Talvez seja triste encontrar a verdadeira vocação após os 50 anos, mas conheço muitas pessoas que jamais a encontram. Eu lhes digo para falar com Gabriel."

Se você ainda está à procura da verdadeira vocação, pergunte a Gabriel.

Inspiração

Se você desejar, Gabriel lhe trará mensagens. Se quiser saber do futuro, peça a ele que o mantenha informado. O dom da profecia pode ser seu, se pedir a ajuda de Gabriel. Ele lhe dará conselho na forma de sonhos e visões. Ele o auxiliará a crescer em conhecimento e sabedoria. Seu crescimento e desenvolvimento espirituais progredirão mais rápido do que nunca (o Arcanjo Uriel também pode ajudá-lo a se desenvolver intuitivamente. As pessoas frequentemente recorrem a Uriel quando querem aprender habilidades práticas, como a leitura de cartas de Tarô, e apelam a Gabriel para ajudá-las a desenvolver a clarividência e a premonição na forma de sonhos).

Encontrei Martin pela primeira vez há cerca de 20 anos, quando ele assistia a uma de minhas aulas. Ele havia sido apresentado ao mundo psíquico por uma ex-namorada e, findo o relacionamento, não sabia bem como desenvolver ainda mais seus talentos naturais. Era uma pessoa tensa e nervosa que achava difícil relaxar. Isso, unido ao desejo por resultados instantâneos, arrasava-o e causava imensa frustração. Certo dia, ele sentiu vontade de desistir completamente. Fez um apelo a Gabriel, querendo saber por que ele não o ajudava. Gabriel imediatamente respondeu dizendo que estava esperando que Martin pedisse.

Esse simples diálogo foi o ponto da virada. Martin começou a se comunicar com Gabriel regularmente e principiou a receber percepções de acontecimentos futuros. Ficou mais relaxado e sociável. Começou a crescer espiritualmente e seus dons de clarividência e precognição desenvolveram-se rapidamente. Ele credita isso tudo a suas sessões regulares com Gabriel.

"Gabriel mostrou-me o caminho", contou. Bateu na testa. "Ele desbloqueou meu terceiro olho e permitiu-me ver, realmente, pela primeira vez em minha vida. Odiaria pensar no que seria de minha vida sem Gabriel."

Purificação

A purificação pode ser necessária por diversas razões. Se alguém estiver representando pensamentos impuros ou negativos, a purificação ajudará essa pessoa a voltar aos trilhos. Se alguém houver sido muito magoado e não quiser perdoar a outra pessoa, nem "passar uma borracha" no incidente, a purificação é necessária. Vítimas de abuso sexual frequentemente sentem-se impuras ou sujas e necessitam de purificação. O mesmo aplica-se às vítimas de ataque psíquico. Pessoas codependentes ou cheias de negatividade precisam de purificação também. Consequentemente, há pouquíssimas pessoas que não precisam de purificação em alguma fase de suas vidas.

Nicholas é uma das pessoas mais gentis e delicadas que já conheci. Agora tem por volta de 60 anos e parece muito mais jovem do que aparentava anos atrás, quando finalmente livrou-se de sua culpa secreta. Quando era menino, foi sexualmente molestado por um padre na escola que frequentava. O abuso era sistemático e durou alguns anos. Nicholas nunca falou a ninguém sobre isso, até que começou a ler casos no jornal sobre outras pessoas que haviam tido experiências similares. Mesmo assim, levou algum tempo para se livrar dos incríveis sentimentos de culpa que ainda tinha sobre o abuso. Em sua mente, fora por sua culpa que aquilo acontecera.

Quando um amigo disse-lhe para pedir a Gabriel que o ajudasse a se purificar e a se curar, Nicholas riu, já que havia perdido a fé mais de 40 anos antes. Porém, seu amigo insistiu e gradualmente Nicholas percebeu que ele tinha de fazer alguma coisa e que, possivelmente, Gabriel poderia ajudar. Levou tempo e foi preciso muita paciência por parte do amigo, mas gradualmente Nicholas passou a conhecer Gabriel e pediu ajuda.

"Gostaria de ter conhecido Gabriel quando era moço", ele me disse. "Minha vida teria sido muito diferente. Carreguei esse fardo de vergonha e desgraça todo o tempo. Estou tão feliz por estar realmente vivendo minha vida sem essa imensa pedra de tropeço. Sinto como se houvesse recuperado parte da minha juventude perdida."

Ajudando os outros

Recentemente, visitei um velho amigo e soube dos problemas que seu filho Graydon estava enfrentando. Ele estudara Contabilidade na faculdade, mas decidira não ser um contador. Estudou então Psicologia por um ano, mas perdeu o interesse. Viajou por alguns anos em uma tentativa de encontrar a si mesmo e agora voltara para casa, mas estava perdido e sem rumo. Graydon ainda não fazia ideia do que queria fazer com sua vida.

Ofereci-me para entrar em contato com Gabriel em nome dele. Meus amigos estavam confusos, mas ficaram felizes com a ideia. Duas semanas depois, recebi um telefonema de meu amigo, dizendo que Graydon fizera alguns novos amigos que "gostavam de anjos" e estava pedindo a Gabriel que o ajudasse a encontrar um senso de direção. Meus amigos acharam que fosse uma coincidência. Felizmente, coincidência ou não, Graydon conseguiu percepções valiosas em seus encontros com Gabriel e agora trabalha por conta própria como *personal trainer*. Até falar com Gabriel, a ideia de usar as habilidades que adquirira como atleta nunca lhe havia ocorrido. Agora está encaminhado e sente-se completamente realizado.

Agora que você já sabe algo sobre Gabriel, e como ele pode ajudá-lo, é hora de aprender como entrar em contato com ele. Começaremos a falar disso no próximo capítulo.

Capítulo Dois

Como Entrar em Contato com Gabriel

Gabriel está preparado para ajudá-lo sempre que você precisar de seu auxílio. Naturalmente, não se deve chamá-lo por motivos frívolos, mas quando a razão for importante Gabriel sempre estará por perto. Em uma emergência, só é preciso chamá-lo. Na maior parte do tempo, porém, o assunto não será urgente e será possível usufruir de uma comunicação mais à vontade com ele. Eis aqui diversos métodos que podem ser usados para entrar em contato com Gabriel. Experimente todos eles e veja qual método, ou métodos, é mais útil para você.

Centro de Gabriel

É bastante útil ter um lugar escolhido para usar sempre que for entrar em contato com Gabriel. Depois de algum tempo, esse local desenvolverá uma atmosfera, quase uma aura, que poderá ser sentida logo que você entrar ali. Então se sentirá instantaneamente relaxado, purificado e pronto para falar com Gabriel.

Talvez você tenha a sorte de ter um cômodo inteiro que possa ser dedicado a Gabriel, embora mais provavelmente apenas parte de um cômodo possa ser usada com esse fim. Se possível, escolha um lugar quieto, onde possa trabalhar em paz, sem interrupções.

Uma amiga minha de Tóquio vive em um apartamento que é do tamanho do *closet* de muitas pessoas. Ela se senta no chão diante de uma mesinha, que serve como altar temporário quando se comunica com Gabriel. No restante do tempo, a mesa é usada para preparar e comer alimentos e guardar coisas. Use o que você tiver.

Nos meses de verão eu prefiro me comunicar com Gabriel ao ar livre. Há algo de especial em realizar um ritual, rodeado pela natureza. Se decidir fazê-lo, encontre um local agradável em que não haja perturbações.

O importante é encontrar um lugar em que se sinta seguro e confortável. Esse local pode ser seu centro de Gabriel.

Ritual de Relaxamento

Preparação

Você precisa estar física, mental e espiritualmente preparado para falar com Gabriel. Se possível, tome um banho demorado e coloque roupas limpas. É possível usar um roupão ou mesmo trabalhar despido. A proposta é separar a comunicação com Gabriel de seu mundo cotidiano.

Eu gosto de dar uma caminhada antes de me comunicar com ele. Isso me afasta da casa e me dá uma oportunidade de esclarecer na mente os assuntos que quero discutir com ele. Por vezes, descubro que ele está andando comigo e a caminhada torna-se uma conversa.

Coloque, se quiser, alguma música tranquila, acenda um incenso ou velas. Não importa o que você faça, desde que o ajude a relaxar e não interfira com a proposta do ritual. Eu raramente coloco música quando me comunico com anjos, pois acho que distrai muito. Gosto de me concentrar na comunicação e não quero me pegar cantarolando a música. Porém, cada pessoa é diferente. Se você achar que vai ajudar, pode pôr uma música.

Relaxamento

O passo seguinte é ficar tão confortável quanto possível. Certifique-se de que o quarto esteja aquecido o suficiente. Cubra-se com um cobertor, se achar que vai ter frio. Sente-se em uma cadeira confortável e relaxe o corpo e a mente. Isso parecerá simples se você já houver praticado a auto-hipnose e a meditação; se nunca houver feito esse tipo de coisa antes, eis os estágios do processo:

1. Feche os olhos e respire profundamente três vezes, segurando cada inspiração por alguns segundos antes de expirar vagarosamente.

2. Concentre sua atenção nos dedos do pé esquerdo e diga-lhes para relaxar. Espere até realmente senti-los relaxar antes de continuar.

3. Relaxe os músculos do pé esquerdo e permita então que o relaxamento se espalhe por seu tornozelo, os músculos da panturrilha e o joelho. Não é preciso ter pressa. Leve todo o tempo necessário. Quando se sentir pronto, permita que o relaxamento se mova até as coxas e a nádega esquerda.

4. Repita o procedimento com a perna direita, começando novamente com os dedos e deixando o relaxamento gradualmente espalhar-se pela perna.

5. Permita que o relaxamento vá até seu estômago e peito, subindo para os ombros. Sinta a tensão saindo dos ombros conforme o agradável relaxamento se instala.

6. Deixe o relaxamento descer pelo braço esquerdo até chegar à ponta dos dedos. Repita com o braço direito.

7. Relaxe os músculos do pescoço e permita que o agradável relaxamento cubra seu rosto e o alto da cabeça. Preste atenção especial aos músculos em torno de seus olhos. Esses são os mais delicados de todo o seu corpo; você descobrirá que, ao relaxá-los, todas as outras partes do corpo relaxarão ainda mais.

8. Agora você está totalmente relaxado. Varra mentalmente seu corpo para ter certeza de que não restam áreas de tensão. Concentre-se nas que precisam de mais ajuda até que também estejam totalmente relaxadas.

9. Quando tiver certeza de que todas as partes do corpo estão relaxadas, respire profundamente mais três vezes, bem devagar, e desfrute das sensações do relaxamento por todo o corpo. Agora você está pronto para encontrar Gabriel.

Convite

Seu corpo está totalmente relaxado e pronto para convidar Gabriel a se juntar a você. Passe alguns momentos pensando sobre sua necessidade de contatá-lo. Talvez você precise de reafirmação, apoio, conforto, orientação, percepção ou purificação. Pense em como será sua vida assim que receber essa ajuda. Fique consciente dos sentimentos de felicidade e plenitude que experimentará logo que Gabriel cuidar de seus problemas.

Quando se sentir pronto, respire profundamente e expire devagar. Comece a falar com Gabriel. Isso pode ser feito em silêncio ou em voz alta. Diga que precisa de ajuda. Explique a dificuldade e os esforços que você já fez para resolvê-la. Peça-lhe proteção, orientação e ajuda.

Fale tanto quanto necessário para explicar completamente o problema. Obviamente, Gabriel saberá instantaneamente o que está acontecendo. Porém, é necessário explicar claramente a situação, pois isso ajudará a esclarecê-la em sua própria mente.

Faça uma pausa logo que terminar. Você poderá sentir a presença de Gabriel. Isso pode ser experimentado de muitas maneiras diferentes. Pode ser uma sensação de calor, como se você fosse envolvido pelas asas dele. Pode ser simplesmente uma sensação de saber que ele está ali. Se sentir a presença dele, agradeça-lhe por vir em sua ajuda.

Se não sentir nada, peça-lhe para vir até você; fale com o coração. Pode dizer algo mais ou menos como: "Gabriel, obrigado por ter cuidado de mim no passado. Sou grato por seus esforços incessantes, não apenas por mim, mas por todos. Neste momento, tenho um problema grande demais para que eu possa lidar com ele e preciso de sua ajuda. Por favor, venha em minha ajuda, Gabriel. Por favor, ajude-me".

Novamente, faça uma pausa e veja que resposta recebe. Continue a repetir seu pedido até perceber que Gabriel está com você. Seja paciente se não houver se comunicado com Gabriel antes. Quando começar a comunicar-se regularmente com ele, você não terá dificuldades em fazer contato. Porém, será preciso um pouco de paciência nas primeiras vezes em que tentar fazê-lo.

Comunicação

Logo que sentir que Gabriel está com você, agradeça-lhe por seu tempo, interesse, apoio e amor. Peça-lhe ajuda para resolver seu problema. Ouça cuidadosamente o que ele tem a dizer. É improvável que ouça a voz dele. A forma mais usual de comunicação é por meio de pensamentos e percepções que surgirão em sua mente consciente. Peça a Gabriel para esclarecer tudo o que você não entender.

No final da conversa, você deverá saber exatamente o que fazer. Se o problema envolver alguma outra pessoa, deverá saber como abordá-la para resolver o caso. Se o problema implicar a liberação da negatividade e sua purificação, você saberá o que fazer para que isso aconteça.

Assim que se sentir confiante de que pode dar o próximo passo, agradeça a Gabriel por sua ajuda. Não se levante imediatamente após a despedida. Permaneça confortavelmente sentado ou deitado por alguns minutos enquanto pensa sobre Gabriel e seus conselhos. Quando estiver pronto, abra os olhos, alongue-se e levante.

Naturalmente, esse ritual pode ser realizado na cama, à noite; conheço algumas pessoas que fazem isso. Porém, eu durmo muito depressa e acho difícil permanecer acordado por tempo o bastante para fazer qualquer forma de contato angelical. Consequentemente, sempre realizo esse ritual em uma poltrona confortável, ou deitado no chão, já que é mais fácil ficar acordado desse jeito.

Outros métodos

O método de relaxamento que acabamos de mencionar é o melhor para começar. É extremamente benéfico por si só, já que permite que cada célula em seu corpo relaxe. Também é um modo altamente efetivo de entrar em contato com Gabriel e trazê-lo para sua vida.

Porém, esse método demanda muito tempo e talvez você nem sempre tenha esse tempo de se sentar e realizar o ritual de relaxamento. Há outros métodos que considero úteis. Experimente-os. É provável que descubra que gosta mais de alguns do que de outros. Você também descobrirá que sua experiência traz melhores resultados com seus métodos prediletos.

Invocando os arcanjos

Este ritual invoca Miguel, Gabriel, Rafael e Uriel. É usado principalmente para obter percepção e proteção para si mesmo, seus conhecidos e toda a humanidade.

Gosto de ficar em pé enquanto realizo este ritual, mas você pode se sentar em uma cadeira de espaldar reto, se preferir. Fique de frente para o leste. Feche os olhos e respire profundamente três ou quatro vezes. Visualize a si mesmo rodeado por uma pura luz branca de proteção.

Quando sentir-se pronto, invoque Miguel, o arcanjo do sul. Ele fica do seu lado direito. Faça isso dizendo em voz alta as seguintes palavras:

"Invoco agora o poderoso e forte arcanjo Miguel para que fique do meu lado direito. Por favor, conceda-me a força, a coragem, a integridade e a proteção de que preciso para realizar meu propósito nesta encarnação. Por favor, use sua espada para cortar quaisquer dúvidas e negatividade. Rodeie-me com sua proteção, de forma que eu possa sempre trabalhar no lado do bem. Obrigado".

Faça uma pausa de 30 segundos. Esteja consciente que Miguel está ao seu lado e preste atenção em quaisquer percepções ou palavras que ele possa oferecer. Ao se sentir pronto, invoque Uriel para ficar do seu lado esquerdo. Use as seguintes palavras, ou semelhantes:

"Invoco agora o poderoso e forte arcanjo Uriel para que fique do meu lado esquerdo. Por favor, liberte-me de minhas tensões, preocupações e insegurança. Conceda-me a tranquilidade e a paz de espírito. Ajude-me a servir aos outros e a dar e receber generosamente. Obrigado".

Faça outra pausa de 30 segundos e veja se Uriel tem alguma mensagem. Você sentirá Uriel à sua esquerda. Reconheça sorrindo sua presença e fique alerta para qualquer palavra sábia ou conselho que ele possa oferecer. Ao se sentir pronto, invoque Rafael para ficar diante de você.

"Invoco agora o poderoso e forte arcanjo Rafael para que fique à minha frente. Por favor, preencha-me com plenitude e boa saúde. Ajude-me a curar os ferimentos do passado. Por favor, cure e refaça cada um dos aspectos de meu ser. Obrigado."

Faça uma pausa em silêncio e veja se Rafael tem alguma mensagem. Você provavelmente sentirá a plenitude e a unidade que ele traz para seu ser, mesmo se não receber uma mensagem específica. Ao se sentir pronto, peça a Gabriel que fique atrás de você.

"Invoco agora o poderoso e forte arcanjo Gabriel para que fique atrás de mim. Por favor, traga-me percepção e orientação, para que eu possa sempre andar na luz. Remova todas as minhas dúvidas e temores e purifique meu corpo, mente e espírito. Obrigado."

Faça outra pausa para ver se Gabriel tem uma mensagem para você. Feito isso, sinta as diferentes energias dos quatro arcanjos em torno de si. Embora eles emitam diferentes energias, cada um deles é um aspecto da Consciência Divina. Naturalmente, como humanos, tendemos a visualizar os arcanjos como seres poderosos, provavelmente gigantescos, mas nos outros aspectos parecidos conosco, envolvidos em magníficos mantos, rodeando-nos e protegendo-nos. Não faz diferença a forma como percebe os arcanjos. O mais importante de se lembrar ao realizar o ritual é que você está experimentando o divino.

Aproveite a sensação de paz, segurança e bênção. Quando sentir-se pronto, peça aos arcanjos ajuda, orientação e proteção para você, sua família e amigos, sua comunidade, país e o mundo inteiro. Experimentará a resposta de diferentes maneiras e poderá sentir como se um fulgor de eletricidade houvesse passado através de você. Talvez irá notar uma mudança distinta na temperatura do cômodo. Poderá ocorrer uma sensação de saber que tudo o que pediu será concedido.

Aproveite o conforto e a segurança da companhia dos arcanjos pelo tempo que desejar. Quando se sentir pronto para voltar ao mundo cotidiano, agradeça a cada um dos arcanjos, começando com Gabriel, em seguida Uriel, Miguel e Rafael. Você os sentirá ir embora, um de cada vez. Quando se sentir pronto, respire profundamente algumas vezes e conte até cinco. Abra os olhos e continue seu dia. Você se sentirá revigorado e cheio de energia após esse ritual.

Eu consegui lidar com um período de muita tensão em minha vida com muito mais facilidade realizando esse ritual todos os dias por diversas semanas. Porém, não é preciso esperar até necessitar de ajuda angelical. Realize o ritual com frequência, mas não desperdice o tempo dos arcanjos com pedidos frívolos. Pense cuidadosamente com antecedência e use sabiamente seu tempo com os arcanjos.

Ritual de orientação

Gabriel o orientará de bom grado quando você o desejar. Eis um ritual efetivo que o capacita a receber o benefício do conselho dele sempre que necessário.

Comece fazendo uma caminhada agradável. Teoricamente, ela deve ser ao ar livre, mas as condições climáticas talvez forcem-no a permanecer dentro de casa. Alternativamente, você pode ir até um *shopping* e andar ali.

Enquanto anda, olhe ao redor e veja quantas coisas pode ver e pelas quais é grato. Você pode ser grato pela luz do sol, pelas cores do outono, pelas livrarias, pelos automóveis, pelos pássaros, pelos campos gramados e pelo riso de crianças. Obviamente, se estiver andando em sua casa a lista será um pouco diferente. Por exemplo, ser grato pela luz elétrica, tapetes, banheiros modernos, escovas de dente e camas confortáveis. Naturalmente, as coisas pelas quais você é grato não precisam ser "coisas". Você pode dar graças por um sorriso amistoso, uma mão gentil em seu ombro, uma brisa refrescante e o som borbulhante de um regato. Veja quantas bênçãos pode encontrar durante sua caminhada.

Ande ao menos por 15 minutos. Meia hora é ainda melhor. Ao voltar para casa, sente-se em um lugar confortável, feche os olhos e repasse sua lista de coisas a agradecer. Visualize cada uma delas em sua mente.

Feito isso, é hora de pensar em sua necessidade de orientação. Mentalize o problema em termos gerais. Você pode estar pensando se deve ou não fazer uma certa matéria na faculdade. Pode estar pensando em comprar uma casa, ter outro filho ou iniciar um novo relacionamento. Na maior parte das vezes, será um problema que você não foi capaz de resolver sozinho, razão pela qual decidiu apelar a Gabriel. Alternativamente, pode já ter tomado uma decisão e agora quer a aprovação de Gabriel antes de seguir adiante. Não importa em qual assunto você precise de orientação. Gabriel ficará feliz em concedê-la.

Respire profundamente três vezes, segurando cada inspiração por alguns momentos antes de expirar vagarosamente. Mentalmente, peça a Gabriel que se junte a você. Diga algo parecido com isso:

"Abençoado arcanjo Gabriel, obrigado por todas as bênçãos em minha vida. Sou grato por sua orientação, inspiração e purificação. Por favor, venha a mim, preciso de sua ajuda".

Faça uma pausa de 30 segundos. Se sentir Gabriel por perto, continue com seu pedido. Se não, repita o pedido. Faça isso até três vezes.

Se você não sentir nada, volte à lista de coisas pelas quais é grato. Novamente, visualize-as o mais claramente possível. Feito isso, peça a Gabriel que venha a você. Dessa vez, explique seu problema ou dificuldade depois de fazer o pedido.

Espere 30 segundos. Se tudo der certo, você sentirá a presença de Gabriel dessa vez. Se não, repita o pedido. Não há por que sentir-se aborrecido ou preocupado se Gabriel não vier em sua ajuda imediatamente. Você lhe contou o problema e a resposta virá quando menos espera. Descobri que a hora mais frequente para uma resposta é quando acordo na manhã seguinte e percebo que a resposta apareceu miraculosamente em minha cabeça.

Tenha Gabriel aparecido ou não, o ritual termina do mesmo modo. Primeiro, agradeça a Gabriel pela ajuda, apoio e orientação. Agradeça-lhe por ser parte da mesma fonte divina que deu ao mundo todas as coisas pelas quais você deu graças antes. Repasse novamente a lista de itens pelos quais é grato, respire profundamente três vezes e abra os olhos.

Ritual do corpo, da mente e da alma

Este ritual permite combinar e concentrar seu corpo, mente e alma. Quando todos os aspectos de seu ser estão concentrados no mesmo objetivo, você cria um poderoso magneto que atrai tudo aquilo que desejar. Naturalmente, para os fins deste exercício, realizaremos o ritual para entrar em contato com Gabriel.

Tome banho e coloque roupas frescas, limpas e largas. Certifique-se de não ser perturbado por mais ou menos uma hora. Na prática, o ritual leva normalmente de 20 a 30 minutos, mas é melhor acrescentar algum tempo para ter a certeza de que não haverá interrupções.

Sente-se em uma cadeira confortável. Feche os olhos e concentre-se em seu corpo físico. Esteja consciente de sua respiração e do ar movendo-se para dentro e para fora de seus pulmões. Pense sobre seu coração e em como ele bombeia o sangue pelo corpo. Pense sobre os diferentes órgãos de seu corpo e em como eles realizam as diversas funções. Pense sobre a maravilhosa estrutura de sua espinha e em todo o sistema ósseo. Esteja consciente de quaisquer outras sensações ou sentimentos em seu corpo.

Pense agora sobre sua mente e sua capacidade de criar pensamentos e ideias. Pense sobre a capacidade ilimitada de seu cérebro. Estima-se que você pode aprender algo de novo a cada segundo de sua vida e, mesmo assim, ainda estará longe de usar todo o cérebro. O potencial de sua mente é ilimitado.

A seguir, pense em sua alma, na força vital universal dentro de cada célula de seu corpo. Pense em como você é uma parte vital, integral, da divindade. Saiba ou não, você está vivo neste momento por algum importante propósito cósmico.

Feito isso, pense sobre seu incrível corpo físico, seu cérebro ilimitado e sua ligação com a inteligência divina por meio de sua alma. Todas as outras pessoas do planeta têm as mesmas qualidades, obviamente, mas você é único. Nunca houve, na história da humanidade, alguém exatamente como você. Você é um milagre.

Quando se sentir pronto, imagine a si mesmo. Concentre-se na área de seu coração e visualize seu corpo físico comprimindo-se até que esteja inteiro dentro do coração. Você não é mais uma mente, um corpo e uma alma, pois os três agora são um só. Imagine isso com clareza em sua mente. Use a imaginação para tornar isso tão vívido quanto possível.

Agora é hora de falar com Gabriel. Diga em silêncio para si mesmo algo parecido com: "Oi, Gabriel. Preciso de sua purificação e orientação. Por favor, venha me ajudar. Necessito de seus poderes de inspiração e profecia. Por favor, ajude-me".

Continue a ter pensamentos semelhantes a esses até sentir que Gabriel chegou. Você não terá dúvidas em saber que ele veio. Talvez sinta uma leve mudança na temperatura do quarto. Seu coração pode acelerar. Pode ser apenas uma forte sensação de saber que ele está ali. Logo que Gabriel chegar, diga-lhe o que você precisa. Explique toda a situação, com tantos detalhes quanto possível, para que Gabriel saiba por que a ajuda dele é necessária. Ele talvez faça uma série de perguntas. Por outro lado, talvez ouça em silêncio enquanto você explica a situação. Claro que ele já conhece o problema, mesmo antes de chegar, mas é necessário que você explique a ele a situação porque isso ajuda a esclarecê-la em sua própria mente. Terminada a conversa, agradeça a Gabriel por vir em sua ajuda e diga até logo, confiante de que ele fará todo o necessário para ajudá-lo a resolver sua dificuldade.

Novamente, visualize cada aspecto dele dentro de seu coração. Expanda gradualmente seu corpo físico até que possa ver a si mesmo, nos olhos de sua mente, exatamente como é. Esteja consciente de sua mente e permita que ela se expanda por seu cérebro. Dê graças à inteligência infinita por todos os seus talentos e capacidades, por seu magnífico corpo, cérebro criativo e alma vivificante.

Respire profundamente algumas vezes e abra os olhos. Alongue-se e pense sobre a experiência por um minuto ou dois antes de continuar seu dia.

Ritual da oração noturna

Este ritual usa uma oração tradicional judaica que pede proteção aos quatro arcanjos durante a noite. Além disso, ele também envolve a Shekinah, por vezes conhecida como o anjo de libertação. A Árvore da Vida judaica possui 12 arcanjos. Metatron e a Shekinah ocupam a posição mais elevada, conhecida como Coroa. Metatron é uma energia forte, masculina, enquanto a Shekinah faz o contrapeso com uma energia delicada e feminina. É essa energia amorosa e terna que a Shekinah oferece para proteção adicional durante as horas noturnas.

Quando você estiver debaixo das cobertas, já com a luz apagada, diga mentalmente esta oração:

"Que Miguel esteja do meu lado direito, Gabriel do meu lado esquerdo, Rafael atrás de mim, Uriel diante de mim e que por cima de minha cabeça possa a luz divina da Shekinah estar comigo".

Diga essa oração vagarosamente e com intenção. A cada vez que mencionar o nome de um arcanjo, faça uma pausa e visualize sua presença antes de continuar. Por fim, mentalize a pura luz branca da Shekinah rodeando você e os arcanjos com amor, segurança e proteção.

Na maioria das noites, após dizer essa oração, você adormecerá rápida e facilmente, rodeado pela paz, tranquilidade, amor e proteção

dos arcanjos. Porém, essa oração também oferece uma excelente oportunidade para discutir qualquer assunto com Gabriel ou os outros arcanjos. Eu prefiro usar esse momento para falar com Gabriel, já que ele traz orientação e abre a porta para visões e sonhos proféticos.
O processo é bastante simples. Logo ao terminar a oração, comece a sentir a presença dos quatro arcanjos rodeando você, todos banhados na pura luz da Shekinah. Agradeça a cada arcanjo individualmente por lhe trazer paz, amor e proteção. Agradeça à Shekinah por trazer paz e uma ligação forte com o divino. Por fim, diga a Gabriel o que está em sua mente. Você pode se deitar de lado para olhar para a esquerda. Também pode girar levemente a cabeça para a esquerda ou talvez permitir que a presença de Gabriel torne-se ligeiramente mais aparente antes de começar. Não importa o que fará, já que Gabriel saberá imediatamente que você está falando com ele.
Faça uma pausa de vez em quando para permitir que Gabriel responda. Talvez você ouça palavras ou tenha uma sensação de calor ou paz passando pelo seu corpo. Continue a conversa até ter dito tudo o que tem em mente. Agradeça a Gabriel por ouvir e agir em seu favor. Respire fundo lentamente. Ao expirar, perceba os cinco arcanjos que o rodeiam. Você deve dormir quase imediatamente.
Normalmente, quando desperto na manhã seguinte após falar com Gabriel dessa maneira, tenho bastante energia e minha mente está cheia de ideias produtivas que mal posso esperar para pôr em ação.

Ritual do acesso imediato

Haverá ocasiões em que você vai precisar do conselho de Gabriel imediatamente. Tive uma pequena experiência como essa há algumas semanas. Era uma noite úmida e com ventos e eu estava no carro a caminho de uma palestra que daria a um grupo de rotarianos. Seria em uma parte nova da cidade e fiquei completamente perdido. Todas as ruas por que passava eram novas demais para constar do mapa. Após dirigir sem rumo sob uma chuva torrencial por 20 minutos, finalmente fiz o que devia ter feito desde o início. Parei o carro e pedi orientação a Gabriel. As instruções que recebi levaram-me a uma direção diferente da que pensava, mas em cinco minutos já tinha estacionado no local do encontro e entrei bem no momento em que ele era iniciado.

Quando você precisar da ajuda de Gabriel com urgência, só é preciso dizer, de preferência em voz alta: "Gabriel, preciso de você. Preciso de você agora". Você perceberá que ele vai aparecer instantaneamente e oferecerá ajuda. Naturalmente, isso só pode ser feito quando a necessidade é urgente.

Agora você tem diversos métodos de entrar em contato com Gabriel. Experimente-os todos e decida qual seu favorito. Agora que sabe como fazer contato com Gabriel, é hora de aprender a pedir auxílio. Esse é o assunto do próximo capítulo.

Capítulo Três

Como Pedir Auxílio

Como você sabe, Gabriel está disposto a ajudá-lo a qualquer momento. Quando precisar de socorro, entre em contato com ele usando um dos métodos do capítulo anterior e diga-lhe exatamente aquilo de que precisa. Após ter pedido auxílio desse modo você pode relaxar, confiando que o problema está sendo solucionado.

Porém, muitas vezes, o que se quer é que Gabriel ajude a obter percepções espirituais, a encontrar o verdadeiro caminho na vida ou a se purificar. Será preciso criar rituais diferentes para cada uma dessas coisas.

Para começar, é útil saber como você encara diferentes situações. Você usa mais a lógica ou prefere contar com os sentimentos? É melhor em iniciar ou em finalizar? Você trabalha bem sozinho ou precisa de outras pessoas em volta? Felizmente, é bem simples determinar como você pensa e age usando as letras de seu nome completo no momento do nascimento. Esse processo, conhecido como *Temperamento*, ou *Planos de Expressão*, é uma pequena parte da antiga arte da Numerologia.

Eis a tabela do Temperamento:

	Mental	Físico	Emocional	Intuitivo
Iniciador	A	E	ORIZ	K
Trabalhador	HJNP	W	BSTX	FQUY
Finalizador	GL	DM		CV

Insira as letras que aparecem em seu nome completo na hora do nascimento sob as mesmas letras da tabela e em seguida some cada fileira, tanto na horizontal quanto na vertical. Eis a tabela de temperamento de William Shakespeare:

	Mental	**Físico**	**Emocional**	**Intuitivo**	
Iniciador	A AAA	E EEE	ORIZ RII	K K	= 10
Trabalhador	HJNP HP	W W	BSTX SS	FQUY	= 5
Finalizador	GL LL	DM M		CV	= 3
	7	5	5	1	

Olhando a tabela de William Shakespeare, vemos que nas fileiras horizontais ele tinha dez letras na coluna do iniciador, cinco na do trabalhador e três na do finalizador. Isso mostra que Shakespeare era melhor em iniciar coisas do que em terminá-las. Provavelmente, animava-se muito com novas ideias, mas tinha de se forçar a terminá-las. Iniciadores são entusiasmados, inovadores, criativos e inspirados.

Os trabalhadores continuam aquilo que começaram. Também são bons em seguir a ideia de outras pessoas. Por vezes oscilam entre iniciadores e finalizadores.

Os finalizadores apreciam os detalhes e obtêm imenso prazer quando terminam projetos. Com frequência são teimosos.

Tenho um amigo empreendedor que começou ao menos 20 novos negócios no mesmo período do ano. Logo que estavam estabelecidos e dando lucro, ele os vendia. Ele é um iniciador, não um finalizador. Porém, as pessoas que compram esses negócios dele normalmente são finalizadoras, que gostam de assumir uma empresa existente e fazê-la funcionar de forma eficiente e bem-sucedida. Não se interessariam por assumir os riscos de iniciar algo novo, mas podem ver o potencial de trabalhar firmemente em um negócio existente.

Nas fileiras verticais, Shakespeare tem sete números na coluna mental, cinco na física e na emocional e um na da intuição. Shakespeare trabalhava bem com a mente.

Quando a fileira mental é a mais alta coluna vertical, a pessoa usa a lógica e a razão mais que outras qualidades.

Quando a coluna física é a mais alta coluna vertical, ela trabalha melhor com fatos concretos. Ela gosta de tocar e sentir o projeto. Quanto mais ele exigir fisicamente, melhor.

Quando a coluna vertical da emoção tem a maior soma, a pessoa é governada por suas emoções; pode empatizar, imaginar, sentir e perceber. Ela é governada por seu coração.

Quando o número mais alto aparece na coluna da intuição, a pessoa conta principalmente com os sentimentos e a intuição. Ela tende a ser pouco prática e pode ser considerada uma sonhadora pelos outros. É raro encontrar alguém com mais letras na coluna da intuição no que nas da mente, física ou emocional.

Lembre-se de que nenhum plano é melhor que outro. Alguém que confia principalmente em suas emoções, mais do que na lógica, não é melhor nem pior do que a pessoa que confia inteiramente na lógica. É simplesmente um modo diferente de encarar a vida. Além disso, o fato de alguém ter, digamos, mental com o número maior e intuitivo como o menor não significa que essa pessoa não use a intuição algumas vezes. Essa pessoa pode ser extremamente intuitiva, mas teria de diminuir o passo de seu cérebro lógico antes de usar isso, já que sob0 circunstâncias normais a lógica tomaria a precedência.

Como Shakespeare, você pode ter duas ou mais colunas com o mesmo total (as colunas física e emocional dele somam cinco). Isso significa que você pode fazer bom uso das qualidades de ambas as fileiras.

Finalmente, observe as qualidades de suas fileiras horizontal e vertical com os totais mais altos. Shakespeare era um iniciador mental. Estava bem apto para sua ocupação. Tinha boas ideias para suas peças e provavelmente as escrevia extremamente rápido, de forma que podiam ser terminadas antes que ele perdesse interesse no projeto.

Repetimos, nenhuma combinação de fileiras verticais e horizontais é melhor que a outra. Elas simplesmente denotam modos distintos de pensar e agir. Um iniciador emocional seria bem diferente de um finalizador físico e provavelmente eles escolheriam carreiras bem diversas. Se ambos tivessem o mesmo emprego, seu modo de lidar com ele e os métodos para resolver problemas seriam outros

Seu modo de ver seria ainda bem diferente mesmo se tivessem uma qualidade em comum. Um iniciador intuitivo seria perceptivelmente diferente de um finalizador intuitivo, assim como um trabalhador mental e um trabalhador emocional.

Agora que você já conhece seu modo particular de encarar as coisas, pode usar isso ao pedir auxílio a Gabriel.

Iniciador mental

Se você é um iniciador mental, provavelmente sua abordagem é direta. Quando quer algo, quer agora. Consequentemente, ao pedir ajuda, talvez seja bom também solicitar paciência a Gabriel.

Trabalhador mental

O trabalhador mental provavelmente preferirá entrar em contato com Gabriel ao ar livre. Peça a ele que o ajude a trabalhar nos detalhes.

Finalizador mental

Sendo um finalizador mental, você tem uma ideia clara do que quer e está preparado para fazer todo o necessário para consegui-lo. Provavelmente, pedirá ajuda a Gabriel apenas como último recurso.

Iniciador físico

Se você é um iniciador físico, não quer perder nenhum tempo. Quer estar ativamente envolvido em qualquer solução em que possa se encontrar. Porém, talvez seja bom pedir a Gabriel um pouco de paciência e ajuda para segurar o dinheiro quando você o tiver.

Trabalhador físico

Essa é uma combinação pouco usual. Se você for um trabalhador físico, provavelmente será impulsivo e sofrerá de sentimentos de autodúvida. Peça a Gabriel paciência, confiança e cautela.

Finalizador físico

Sendo um finalizador físico, você deve ser realista, responsável e preocupado sobre o que é certo ou errado. Pode precisar aprender a relaxar. Peça a Gabriel que o ajude a expressar suas emoções.

Iniciador emocional

O iniciador emocional provavelmente sente as coisas intensamente. Tem tendência ao sucesso e um forte potencial criativo. Peça a Gabriel que o ajude a relaxar e soltar-se.

Trabalhador emocional

Se você é um trabalhador emocional, provavelmente tende a se eclipsar e ser modesto. Também pode ser nervoso e achar difícil livrar-se de coisas que já não servem mais para usar. Peça a Gabriel confiança e capacidade de dizer "não" para os pedidos excessivos dos outros.

Finalizador emocional

Essa é outra combinação pouco usual. Um finalizador emocional tende a ser preocupado e perfeccionista. Peça a Gabriel que o ajude a ser mais sociável e assertivo.

Iniciador intuitivo

Se você é um iniciador intuitivo, deve achar difícil encontrar equilíbrio em sua vida. Tem um forte apelo sexual. Peça a Gabriel que o ajude a encontrar a moderação em todas as coisas.

Trabalhador intuitivo

O trabalhador intuitivo provavelmente tem dificuldade de lidar com a responsabilidade e tenta encontrar um escape de diversos modos. Peça a Gabriel que o ajude a se nutrir e a se desenvolver tanto mental quanto intuitivamente.

Finalizador intuitivo

Sendo um finalizador intuitivo, você tem o potencial para realizar grandes coisas, desde que se aplique. Provavelmente se expressa bem. Peça a Gabriel que o ajude a estabelecer objetivos que valham a pena.

Nenhum método é melhor que outro. Felizmente, somos todos diferentes e a abordagem perfeita para você talvez não seja tão eficaz para outro membro da família, já que o modo dele de ver a vida será ligeiramente diferente do seu.

Como abordar Gabriel para percepções espirituais

As pessoas dizem com frequência que somos seres espirituais experimentando uma encarnação física. Isso parece lindo na teoria, mas muitas delas conscientes de seu lado espiritual ainda acham difícil conseguir o tempo e a energia necessários para desenvolvê-lo melhor. A vida cotidiana é difícil o bastante para a maioria das pessoas, de qualquer modo, sem a pressão adicional de tentar desenvolver o lado espiritual da natureza delas. É fácil atolar-se na rotina diária e muitas pessoas descobrem que grande parte de sua vida acabou antes que começassem a trabalhar em seu lado espiritual.

Felizmente, Gabriel pode simplificar o processo. Logo que comece a fazer contato regular com ele, seu desejo por mais conhecimento e percepção crescerá automaticamente. Você pode fazer-lhe perguntas sobre qualquer coisa.

Se sua visão espiritual parece bloqueada, pergunte-lhe como isso aconteceu e o que você pode fazer para resolver isso. Se tiver dúvidas sobre sua fé, peça a Gabriel que reforce sua crença. Peça-lhe mensagens inspiradoras para guiá-lo e ajudá-lo a desenvolver o lado espiritual de sua natureza. Gabriel será um parceiro bem-disposto nesse processo; será fascinante observar seu crescimento enquanto você se desenvolve espiritualmente durante toda esta encarnação.

Os pais de Joshua eram racionalistas e ele teve uma criação ateia. Dava pouca importância aos assuntos espirituais até que sua esposa quase morreu de câncer. Essa experiência o fez reavaliar a própria vida e, para sua surpresa, tornou-se extremamente interessado em espiritualidade como um modo de compreender seu propósito na vida. Ele acabou sendo apresentado aos arcanjos e começou pedindo conselho a Gabriel sobre diversos assuntos de sua vida. Certo dia, sua vida mudou para sempre quando perguntou a Gabriel que igreja ele e sua mulher deveriam frequentar. Gabriel recomendou uma pequena igreja do outro lado da cidade. Parecia bobagem ir tão longe para assistir a um culto; Joshua e sua esposa só decidiram ir até lá algumas semanas depois. A congregação parecia estar esperando por eles, que receberam maravilhosas boas-vindas. Agora, dois anos depois, Joshua é um pastor na igreja e sua esposa está grandemente envolvida com a Escola Dominical. Graças a Gabriel, estão ambos desenvolvendo a espiritualidade da maneira certa para eles.

É interessante notar que Anabelle, uma parente distante, foi guiada por Gabriel em uma direção totalmente diferente. Ela começou a questionar seu modo de vida após um relacionamento desastroso. Já estava familiarizada com os arcanjos e pediu orientação a Gabriel quando começava a colocar sua vida novamente em ordem. Pensava que seria feliz novamente assim que iniciasse um bom relacionamento, e teve a sorte de encontrar um novo parceiro em pouquíssimo tempo. Porém, sentia que algo estava faltando. Em suas conversas com Gabriel, Anabelle descobriu que o lado espiritual de sua vida era quase inexistente. Experimentou uma porção de tradições e por fim, com a ajuda de Gabriel, tornou-se pagã. Alguns de seus amigos assustaram-se com essa mudança de direção, mas ela sabia que havia encontrado o caminho certo. Ela acabou por mostrá-los que aquele era seu caminho particular para o crescimento espiritual.

Como pedir ajuda a Gabriel para encontrar seu verdadeiro caminho

A maioria das pessoas tem dúvidas, de quando em quando, sobre estar ou não seguindo o caminho certo na vida. Felizmente, Gabriel pode ajudar a determinar se você está aprendendo as lições mais benéficas para o desenvolvimento de sua alma. Se por alguma razão, tiver se desviado do caminho certo. Gabriel, de muito boa vontade, o ajudará a encontrar o rumo. Ele ficará encantado em dar orientação e direção, já que você não pode cumprir com o propósito de sua vida se não estiver na trilha certa.

Em suas conversas com Gabriel, pergunte-lhe se está no caminho certo. Se estiver, peça-lhe percepções que o ajudem a progredir mais rapidamente. Se ocorrer o inverso, peça auxílio para voltar ao lugar a que pertence. Se a vida parecer sem propósito e vazia, são altas as chances de que você tenha se desviado do caminho correto.

Um de meus amigos sempre soube o que deveria fazer, mas acabou desistindo por causa da desaprovação da família. Seu pai era juiz e queria que ele seguisse uma carreira em Direito. Porém, Liam sempre quisera ser artista. Quando era criança, todos adoravam as obras de arte que produzia, mas seus pais ficaram furiosos quando anunciou que queria seguir carreira artística. Consequentemente, estudou Direito e tornou-se um advogado medíocre. Ganhava bem, mas odiava cada momento de sua vida. Naturalmente, quando tinha pouco mais de 30 anos, teve um completo colapso físico e mental. Isso o forçou a dar uma boa olhada em sua vida e ver o que estava fazendo consigo. No processo, Liam descobriu o reino angelical e começou a se desenvolver espiritualmente. Como resultado, decidiu mudar de carreira e tornar-se um artista. Porém, não estava preparado para comunicar a seus pais o que pretendia fazer. Disse a eles que ficaria um ano afastado do trabalho para se recuperar plenamente.

Liam e sua esposa mudaram-se para um pequeno chalé à beira-mar onde ele começou novamente a pintar. Passaram-se diversos meses antes que vendesse algo. Porém, ele não estava preocupado com isso, já que Gabriel confirmara que estava finalmente fazendo aquilo que devia realizar nesta Terra. Ao fim de 12 meses, já tinha uma renda modesta obtida com sua arte e decidiu continuar nessa nova carreira. Até hoje ganha apenas uma fração da soma que recebia como advogado, mas parece muitos anos mais jovem do que antes e sente-se totalmente pleno e feliz pela primeira vez em sua vida adulta.

Como pedir purificação a Gabriel

Purificação é algo de que todos precisam em algum momento. Você precisa de purificação física, por exemplo, se seu corpo estiver cheio de toxinas. Precisará de purificação mental se sua mente estiver cheia de pensamentos impuros ou negativos. Se já tiver sido molestado ou abusado de alguma outra maneira, pode precisar de purificação para começar a se mover para a frente outra vez. Se for codependente ou tiver carregado os problemas de outras pessoas em seus ombros por muito tempo, precisará de purificação. Uma vez a purificação terminada, você pode fazer as mudanças necessárias em sua vida para começar novamente a andar.

O processo é extremamente direto. Em suas conversas com Gabriel, peça-lhe para purificar seu corpo, mente e espírito. Você provavelmente já ouviu falar em rodear-se com luz branca sempre que precisar de proteção. Também pode usar isso para ajudar na purificação. Comece fechando os olhos e visualizando mentalmente a si mesmo rodeado por luz branca. Quando puder ver isso claramente, imagine Gabriel diante da luz branca. Ele está com uma grande mangueira, semelhante à usada pelos bombeiros. Quando você olha, ele a aciona e o envolve, não com água, mas com a mais pura energia branca que você possa imaginar. Ele envolve seu corpo físico, desde o alto da cabeça até a ponta dos pés. Sinta a sensação de formigamento conforme a luz branca pouco a pouco limpa seu corpo físico. Uma vez purificado seu corpo físico, visualize Gabriel recomeçando, mas dessa vez ele purifica seu corpo mental com a pura luz branca. Novamente, ele o lava da cabeça aos pés com a energia da mangueira. Terminado isso, imagine-o purificando seu corpo espiritual com a incrível energia curativa da luz branca. Novamente, isso é feito mandando a pura luz branca da mangueira para todas as partes de seu corpo físico. Por fim, veja Gabriel desligar a mangueira. Agradeça-lhe e fique na luz branca que o rodeia por tanto tempo quanto possível. Quando se sentir pronto, continue seu dia. Repita ao menos uma vez por dia até sentir-se totalmente restaurado. Mesmo assim será útil realizar esse ritual no mínimo uma vez por semana para eliminar quaisquer problemas potenciais antes que eles comecem.

Uma das alunas havia sido agredida e violentada alguns anos antes de frequentar minhas aulas de desenvolvimento psíquico. Ela tentara tudo o que se pode imaginar para fazer sua vida voltar ao que era antes do ataque, mas ainda se sentia suja no corpo, na mente e na alma. Ver seu agressor condenado a uma longa pena ajudou-a temporariamente, mas logo ela começou a se sentir impura novamente. Ela começou a se lavar duas vezes por dia e experimentou resultados imediatos. Porém, ainda foram precisos diversos meses antes que sentisse que sua vida estava novamente tão boa como era antes do ataque. Embora tenha levado tempo, sua recuperação mostra exatamente o quão benéfico e curativo é esse exercício em particular.

Como pedir clareza a Gabriel

O arcanjo Gabriel sempre ficará feliz em lhe trazer mensagens. Ele o fez para Joana d'Arc, a Virgem Maria e muitas outras pessoas ao longo da história. Não há razão para que não faça o mesmo por você. Porém, talvez você precise pedir-lhe para fazê-lo. A primeira vez que muitas pessoas pedem ajuda a Gabriel nesse aspecto é quando têm um estranho sonho que são incapazes de interpretar. Naturalmente, Gabriel auxiliará de boa vontade.

Talvez você sinta que sua intuição está, de alguma forma, bloqueada. Um homem contou-me que sentia como se seu terceiro olho houvesse se fechado. Outros o descreveram como uma falta de vontade de aceitar as percepções que surgiam. Qualquer que seja a causa, Gabriel ficará feliz em restaurar e aumentar sua intuição.

Se você tem decisões importantes a tomar, ou está incerto quanto à sua direção futura, peça a Gabriel que lhe traga visões proféticas. Fazendo isso, terá uma oportunidade de ver como será o futuro. Se estiver infeliz com o que foi revelado pelas visões, pode pedir a

Gabriel que o ajude a fazer mudanças de forma que o futuro se torne algo com que você fique feliz.

Todas essas solicitações podem ser feitas durante uma conversa com Gabriel. Naturalmente, você pode criar um ritual formal, se assim o desejar. Já fiz ambas as coisas no passado e descobri que ambas são igualmente úteis. Porém, se você estiver passando por um período de falta de percepções intuitivas ou relutando em aceitar todas as que surgem, é uma boa ideia realizar uma sessão, especialmente para resolver o problema.

Não coma por pelo menos duas horas antes da sessão. Beba água, se sentir sede durante esse tempo. Você quer que sua mente esteja limpa e em alerta enquanto tem essa conversa.

Sente-se em um lugar em que não será perturbado. Certifique-se de estar tão confortável quanto possível. Após entrar em contato com Gabriel, fale a ele de suas preocupações. Diga-lhe que a intuição não está funcionando tão bem quanto deveria. Você pode até mesmo conhecer a razão disso. Se for o caso, fale com Gabriel a respeito.

Há muitos anos, encontrei um homem que tivera uma porção de sonhos sobre o encontro com uma certa mulher. Quando finalmente a viu na vida real, o caso de amor que ele achou que viria em seguida não aconteceu. De fato, a mulher detestava-o intensamente. O homem ficou tão traumatizado com isso que decidiu nunca mais aceitar o que seus sonhos lhe dissessem. Naturalmente, sua mente subconsciente fez disso uma realidade. Infelizmente, foi longe demais e sua mente subconsciente evitava que ele recebesse quaisquer percepções. Quando percebeu o que havia feito a si mesmo, teve uma conversa com Gabriel a respeito e a dificuldade foi resolvida. Esse exemplo mostra que precisamos ter cuidado com o que pedimos, já que os resultados podem às vezes ser muito mais profundos e abrangentes do que pretendíamos.

Você precisa ouvir atentamente ao realizar este ritual. Ele serve para restaurar ou aumentar sua intuição. Consequentemente, precisa estar extremamente consciente de quaisquer percepções que venham a você. Em geral, basta apenas uma sessão. Porém, talvez prefira repeti-la muitas vezes para ter certeza de que sua intuição foi plenamente restaurada.

Enviando uma carta a Gabriel

Você vai achar útil mandar cartas a Gabriel. Algumas vezes pode ser mais fácil expressar com palavras no papel em vez de exprimi-los em pensamentos ou discursos longos. Esqueça cartas formais e corporativas. Suas correspondências a Gabriel podem ser tão informais quanto desejar. Eu sempre começo minhas cartas com "Querido Gabriel" e termino expressando meu amor a ele. Porém, o verdadeiro conteúdo da carta varia enormemente, dependendo das razões para escrevê-la.

Algumas vezes escrevo uma carta para agradecer a Gabriel, dizendo-lhe o quanto aprecio seus esforços por minha causa. Em outras ocasiões, posso precisar de algum tipo de ajuda; naturalmente essas cartas relacionam-se às minhas áreas de preocupação. De vez em quando, ainda não tendo a certeza do que escrever, essas cartas têm a tendência de vagar a esmo enquanto eu, pouco a pouco, defino o que me levou a escrever naquele momento em particular.

Sempre que possível, uso papel de boa qualidade e uma caneta-tinteiro. Porém, se isso não estiver disponível, escrevo em qualquer pedaço de papel que esteja à mão. Depois de terminar a carta, eu a assino e coloco-a em um envelope.

A etapa seguinte é mandar essa carta a Gabriel. Você pode fazê-lo em um local privado, preferencialmente ao ar livre, queimando o envelope, oferecendo ao mesmo tempo graças a Gabriel. Embora eu mande a carta desse modo quando tenho pouco tempo, prefiro criar um pequeno ritual, durante o qual envio formalmente a carta a Gabriel.

Uso uma vela branca simples que ponho em meu altar. Um altar é simplesmente um lugar conveniente para se realizar quaisquer atividades espirituais ou mágicas. Tenho uma mesa dedicada a esse fim. Mas qualquer superfície serve, desde que esteja limpa e você a veja com respeito. Muitas pessoas usam um pedaço da mesa da cozinha. Como qualquer local pode servir de altar improvisado, não há necessidade de procurar muito para encontrar a superfície certa.

Coloco a vela perto da parte de trás do altar e a carta diante dela. Sento-me ou ajoelho-me diretamente em frente. Acendo a vela e fecho os olhos, invocando os arcanjos. Quando sinto a presença deles, agradeço-lhes por sua ajuda, orientação e proteção. Apanho então a carta com as duas mãos e a ofereço simbolicamente a Gabriel. Queimo-a em seguida na chama da vela enquanto agradeço a ele pela ajuda, não apenas em minha preocupação imediata, mas por tudo o que ele fez por mim. Em seguida, faço uma pausa de um ou dois minutos, usufruindo da companhia dos arcanjos. Por fim, agradeço a eles, apago a vela e continuo meu dia.

Se você experimentar isso, ficará deliciado em descobrir que esse ritual liberta-o imediatamente de todas as preocupações. Você será capaz de continuar sua vida, sentindo-se rejuvenescido e livre do pesado fardo de problemas que carregou por tanto tempo.

Gabriel está preparado para oferecer ajuda e orientação sempre que precisar. Você só precisa pedir. É maravilhoso saber que se pode fazer um apelo a Gabriel sempre que um problema parecer insuperável. Porém, você também vai achar útil entrar em contato com Gabriel por alguns minutos todos os dias. Esse é o assunto do próximo capítulo.

Capítulo Quatro

Como Entrar em Contato com Gabriel todos os Dias

É maravilhoso ter Gabriel como um amigo terno, alguém que deseja fazer tudo o que estiver ao seu alcance para ajudá-lo. Obviamente, você não quer criar um aborrecimento para si mesmo, mas não há por que não realizar um breve ritual todos os dias para agradecer a Gabriel por cuidar de você.

Isso pode ser feito com qualquer dos métodos do Capítulo Dois. Porém, eu prefiro um ritual especial dedicado somente a agradecer a Gabriel. Não faço pedidos nem solicitações nessa ocasião; a intenção é agradecer sinceramente a Gabriel por tudo o que ele faz. Quero que ele receba meus agradecimentos e saiba o quanto estou grato, mas não desejo importuná-lo com pedidos e solicitações todos os dias.

Na prática, posso pedir a ajuda de Gabriel duas ou três vezes em um mês e então não precisar mais de seu auxílio por mais três ou quatro meses. É melhor tentar resolver seus próprios problemas e chamar os arcanjos apenas quando achar necessário.

Obviamente, sempre que estiver entrando em contato com Gabriel, você precisará de um espaço adequado e tempo suficiente para completar a comunicação. Teoricamente, qualquer espaço basta, mas é bom usar todas as vezes o mesmo lugar, se possível. Sempre que posso, tomo um bom banho antes e coloco roupas limpas. Como você sabe, é útil começar desse modo sempre que se realiza um ritual. Porém, como você verá, este ritual é tão rápido e fácil de fazer que pode ser realizado mesmo no trabalho.

Ritual de agradecimento

Este ritual possui quatro estágios:
1. Criação do *mudra cósmico*
2. Respiração abdominal
3. Entrar em contato com Gabriel
4. Expressar seu agradecimento

É boa ideia passar alguns minutos pensando em Gabriel e no que ele faz por você antes de começar o ritual. Ao fazê-lo, tenho uma sensação de antecipação e empolgação, sabendo que logo vou agradecer a ele pelas muitas bênçãos em minha vida. Quando me sinto pronto, dou início ao ritual em si.

Criação do mudra cósmico

Embora você possa realizar este ritual sentado, eu prefiro permanecer em pé. Comece criando o mudra cósmico com suas mãos. Coloque a extremidade da mão direita, com a palma para cima, na parte de baixo de seu abdome, alguns centímetros abaixo do umbigo. Essa parte do abdome é considerada um centro de poder e energia e o verdadeiro lar da força vital em muitas tradições. Theron Q. Dumont considerava o plexo solar tão importante que o chamava "cérebro abdominal".[25] Seu dedinho deve descansar no abdome. Coloque as costas da mão esquerda na palma da mão direita. Os nós dos dedos das duas mãos devem se sobrepor. Deixe que as pontas dos polegares encostem uma na outra e o mudra cósmico estará criado.

A palavra "mudra" vem do sânscrito e significa "um gesto, postura ou selo". Um mudra é um gesto simbólico feito pelas mãos e dedos. Você pode se perguntar o que a palavra "selo" significa na definição de mudra. Quando você encosta os polegares, cria efetivamente um selo, fechando o mudra. Isso significa que fechou e selou física e simbolicamente a área em que o ritual ocorrerá.

---

25. Theron Q. Dumont, *The Solar Plexus or Abdominal Brain* (originalmente publicado em 1918; republicado por Health Research, Pomeroy, WA, s.d.)

Mudras são bastante usados nos rituais e danças indianos; cada movimento tem um significado específico. Quando usado em um ritual, a formação precisa feita pelas mãos estimula, fortalece e reforça a experiência espiritual. Em certo sentido, mudras são uma linguagem de sinais que causam mudanças em nossos corpos físico, mental e espiritual. Estátuas de Buda, com frequência, representam mudras. Você provavelmente o viu com a mão direita na altura do ombro, o que significa "não é preciso temer", ou com a mão direita sobre a palma da mão esquerda, que indica meditação. Mudras podem ser usados para expressar quase tudo. Quando você aponta o dedo para alguém, está criando um mudra que mostra sua raiva. Quando junta as mãos para fazer uma oração, está criando um mudra de piedade.

Você perceberá que ficar em pé ou sentado, formando com as mãos o mudra cósmico, é repousante e relaxante.

Respiração abdominal

A fase seguinte é concentrar-se na respiração. Respire pelo nariz e sinta o ar entrar em suas narinas. Permita que a inalação passe para seu abdome. Quando respira desse jeito, seu abdome move-se para dentro e para fora, enquanto o peito fica quase parado. Você sentirá seu abdome expandir-se contra o dedinho de sua mão direita ao inalar e contrair novamente ao expirar.

Muitas pessoas acham a respiração abdominal difícil. Se esse for o caso, comece respirando normalmente. Perceba o ritmo regular de sua respiração. Após respirar diversas vezes, segure a respiração em vez de soltá-la. Force seu plexo solar para fora e expire contraindo deliberadamente seus músculos estomacais. Repita diversas vezes, até estar respirando abdominalmente sem esforço. Se você praticar a respiração abdominal sempre que realizar este ritual, descobrirá logo que pegou o jeito e não precisará pensar nisso conscientemente de novo.

Ao realizar o ritual, respire profundamente várias vezes, bem lentamente, segurando cada inspiração por alguns momentos antes de expirar. Você descobrirá que a combinação do mudra com a respiração abdominal permite escapar brevemente de todas as preocupações do dia, mesmo se estiver rodeado por outras pessoas nesse instante.

Entrando em contato com Gabriel

Quando se sentir pronto, peça a Gabriel que se junte a você. Após ter praticado este ritual algumas vezes, provavelmente descobrirá que basta dizer "Oi, Gabriel". Porém, quando começar a praticar o ritual diariamente é melhor chamar Gabriel para se juntar a você e esperar até sentir a presença dele. Se nada acontecer no primeiro minuto, concentre-se na respiração por diversas inspirações e convide Gabriel novamente para vir a ter com você. Se não obtiver resposta novamente, separe as mãos e sacuda-as vigorosamente ao lado do corpo. Beba um pouco de água e recomece o ritual.

Na prática, você perceberá que é raro Gabriel não aparecer instantaneamente. Talvez você tenha ficado ansioso demais pela vinda dele. Ou se estressado em excesso pouco antes de realizar o ritual. Sua atenção pode não estar inteiramente voltada a ele. Quaisquer problemas desse tipo duram pouco. Essas dificuldades deixarão de ocorrer logo que você adquira o hábito de se comunicar com Gabriel todos os dias.

Expressando seu agradecimento

Assim que Gabriel estiver com você, expresse seu amor por ele e agradeça-lhe por tudo o que fez e está fazendo por você. Expresse gratidão por tê-lo sempre a seu lado. Faça uma pausa para receber a aprovação e despeça-se. Sua despedida deve ser positiva e otimista, como se dissesse *tchau* a um amigo próximo que voltará a ver em alguns dias.

Termino esfregando as mãos rapidamente uma na outra e continuo meu dia.

Como você vê, o ritual inteiro pode ser realizado em menos de um minuto, se o tempo disponível for pouco. Tento não me apressar em nenhum ritual, preferindo passar tanto tempo quanto for necessário para realizá-lo apropriadamente. Normalmente, este simples ritual leva de três a quatro minutos. Mesmo que possa parecer inconsequente, terá um efeito poderoso em sua vida. O fato de estar em comunicação diária com um dos grandes arcanjos é edificante e dá a confiança de empreender projetos que antes teriam parecido demasiadamente exigentes. Experimente e veja o efeito que causará em sua vida.

Gabriel e a morte

Talvez este não pareça um tópico muito animador, mas pode ser útil entrar em contato com Gabriel quando você sabe que alguém está morrendo ou imediatamente após o falecimento dessa pessoa. Ainda há muitos tabus sobre a morte e é preciso ter cuidado ao falar sobre anjos com doentes terminais. Porém, é possível ajudá-los sem necessariamente mencionar o reino angelical. O melhor modo, obviamente, é estar junto com eles. Dê todo o amor que puder. Leia para eles, visite-os e apoie-os de todas as maneiras possíveis. Ore por eles, é claro, mas não tente atrasá-los em seu caminho de evolução espiritual.

Gabriel preenche a brecha entre este mundo e o próximo e ficará feliz em guiar e auxiliar a alma na vida após a morte. Naturalmente, Azrael, o anjo exato, estará ali também. Ele aparece automaticamente no momento da morte para levar a pessoa à próxima fase de sua jornada. Ele gostará muito se Gabriel acompanhar a alma enquanto ela se familiariza com a próxima vida.

Por isso, peça a Gabriel que ajude seu amigo tanto antes quanto após a morte. Ore sempre por diversas semanas após o passamento. Agradeça a Gabriel todas as vezes pela ajuda que está dando a ele.

No próximo capítulo começaremos a explorar outros modos de entrar em contato com Gabriel. O primeiro é a quase desconhecida arte da magia do cordão.

Capítulo Cinco

Magia do Cordão

No Corão (Surata 113) há menção a "sopradores de nós". São os que recitam feitiços para prejudicar outras pessoas enquanto fazem nós. Uma dessas pessoas, chamada Lubaid, fez 11 nós em um pedaço de corda e jogou-o em um poço para fazer mal ao profeta Maomé. De fato, Maomé teria morrido se Deus não lhe houvesse enviado as duas Suratas vitais (112 e 113). Também enviou Gabriel para ensinar a Maomé como usá-las. A corda foi recuperada e Maomé recitou os 11 versos das Suratas sobre os nós. Ao fim de cada linha um dos nós se desfazia por si mesmo e, ao final da recitação, Maomé estava livre do encanto.[26]

Você provavelmente já conhece o termo vitoriano "fazer o nó", que indica que um par vai se casar. Um nó ainda simboliza amor, união e relacionamentos. Os brâmanes usavam cordas com nós para uni-los a Brama. Os frades franciscanos usam cordões com três nós que efetivamente os atam a seus votos de pobreza, celibato e obediência. Se uma pessoa está "amarrada" a uma tarefa, certamente não deixará de cumpri-la. Todos esses termos derivam-se da magia do nó. De fato, sempre que você ata um barbante no dedo para ajudá-lo a lembrar algo que precisa fazer, está realizando uma forma da magia do nó.

A magia do nó ou do cordão não é muito conhecida hoje, mas tem uma longa história. Nós mágicos foram encontrados na múmia do rei Tutancâmon, mostrando a idade dessa forma de magia.[27] O Nó

---

26. E. A. Wallis Budge, *Amulets and Superstitions* (Oxford, UK: Oxford University Press, 1930), pp. 62-67.
27. Bob Brier, *Ancient Egyptian Magic* (New York, NY: William Morrow and Company, Inc., 1984), p. 194. Esse livro também possui (na p. 88) uma fotografia de quatro nós entalhados na madeira, usados como amuleto.

de Ísis, semelhante a um *ankh* com os braços dobrados, era usado pelos antigos egípcios como um amuleto de proteção.[28] O nó em forma de oito, feito de ouro, era popular no tempo do Reino Médio. Exemplos desses nós, usados como tornozeleiras e braceletes, foram encontrados em diversos sítios de enterramento.[29] O famoso nó górdio prometia toda a Ásia para a pessoa que pudesse desatá-lo. Alexandre, o Grande, impaciente, cortou o nó e cumpriu apenas parte de seu objetivo. No período romano, as pessoas não tinham permissão de usar trajes com nós no templo de Juno Lucina, a deusa do parto. Eles acreditavam em magia simpática e um nó indicava um bloqueio, a última coisa desejada em um templo dedicado ao parto.[30] Mil e quinhentos anos depois, nós eram amarrados ao calção dos homens para evitar que um casal de noivos consumasse o casamento antes da cerimônia.[31]

Há muitas superstições a respeito de nós. Marinheiros atavam nós no navio para proteção contra tempestades. Os jogadores também faziam isso para atrair boa sorte. Mesmo hoje, há pessoas que fazem nós em seus aventais de cozinha para proteção. Também se faziam nós para apanhar maus espíritos. Vêm daí as golas clericais, já que as pessoas achavam que os maus espíritos podiam se esconder nas gravatas dos padres e perturbar o serviço religioso.[32]

Os nós sempre tiveram um papel importante na magia popular. Ao fazer nós, as pessoas concentravam a atenção em seus problemas. Ao adicionar energia conscientemente a seus pensamentos, atraíam inconscientemente aquilo que procuravam. Se alguém tivesse um problema, por exemplo, faria alguns nós em um pedaço de corda pensando sobre o que o preocupava. Os nós também simbolizavam o problema. Normalmente, fazia-se um número ímpar de nós.

---

28. Udo Becker, *The Continuum Encyclopedia of Symbols* (New York, NY: The Continuum Publishing Company, 1994), pp. 166-167.
29. Carol Andrews, *Amulets of Ancient Egypt* (London, UK: British Museum Press, 1994), p. 44. Os locais de enterramento em que nós figure-of-eight foram encontrados são Khnumet, Sithathor, Sithathoriunet, Mereret e Senebtisy.
30. Jack Tresidder, *Dictionary of Symbols* (San Francisco, CA: Chronicle Books, 1998), p. 116.
31. Zolar, *Zolar's Encyclopedia of Omens, Signs and Superstitions* (New York, NY: Prentice Hall Press, 1989), p. 220.
32. Carole Porter, *Knock on Wood and other Superstitions* (New York, NY: Bonanza Books, 1983), p. 112.

A pessoa recitava então algumas palavras mágicas enquanto os desatava. Parte do problema desaparecia conforme cada nó era desfeito e, uma vez que todos fossem desatados, a pessoa estaria livre do problema ou dificuldade. Algumas vezes, o cordão era queimado em seguida, especialmente se o problema fosse grande.

Porém, a magia dos nós é muito mais versátil que isso e pode ser usada para estabelecer uma conexão ainda mais próxima com Gabriel. Em primeiro lugar, você precisa trançar uma corda adequada. Consiga três cordões de comprimento igual, um dourado, um prateado e um branco. O cordão de ouro simboliza Deus e tudo o que é masculino. O de prata representa a Deusa e tudo o que é feminino. O cordão branco simboliza você.

Teoricamente, esses cordões devem ser feitos de fibras naturais, como lã ou seda, e ter cerca de aproximadamente 275 cetímetros de comprimento. Trance cuidadosamente os três cordões juntos. Não se apresse. Você está simbolicamente unindo-se (branco) aos aspectos masculino (ouro) e feminino (prata) da força vital universal. Pense sobre isso ao trançar os cordões. Considere a ligação íntima e próxima ocasionada por esse trançado. Pense em quão maravilhosa seria sua vida se pudesse permanecer em uma ligação tão estreita com Deus o tempo todo. Peça a Gabriel que abençoe seu trabalho. Ao terminar de trançar, faça um nó em cada ponta para evitar que a trança desfie.

Esse cordão tem de ser consagrado antes de ser usado pela primeira vez. Isso pode ser feito de diversos modos. Se você tiver um altar, coloque-o no centro e acenda uma vela branca simples. Segure a vela acima do cordão e diga em voz alta: "que a luz desta pura vela limpe e purifique você". Faça três círculos em sentido horário sobre o cordão com a vela, diga "obrigado" e sopre a vela. Termine com a frase: "dedico este cordão a Gabriel". Agora já está pronto para ser usado. Em vez da vela, pode-se usar um punhado de sal grosso. Nesse caso, polvilhe o cordão com o sal enquanto fala e faça novamente três círculos com a mão. Outro método de consagrar seu cordão é ficar ao ar livre, sob a luz direta do sol, com a corda dobrada sobre seus braços estendidos. Diga: "que os raios do sol limpem e purifiquem você". Faça três círculos em sentido horário. Diga "obrigado" e faça uma pausa de alguns segundos antes de dizer: "dedico você a Gabriel". Termine atando o cordão em torno da cintura.

O cordão terminado é conhecido como cíngulo e pode ser usado em torno da cintura ao realizar qualquer trabalho espiritual ou de magia. Tire cuidadosamente seu cíngulo ao terminar de usá-lo. Ele pode ser guardado em uma caixa especial ou envolto em um tecido de seda. Trate-o com amor e respeito. Ele não deve ser atirado sem cuidado a um canto ou deixado em qualquer lugar quando você tiver terminado de trabalhar com ele.

A escada das bruxas

A escada das bruxas é uma série de nós, normalmente nove, formados no cíngulo para criar uma espécie de rosário. Com certos feitiços, uma palavra específica pode ser recitada um certo número de vezes. Ao passar os dedos pelo cordão e sobre cada nó, diga a palavra o número necessário de vezes, sem se preocupar em perder a conta.

Os nós são feitos em uma ordem específica enquanto você pensa em seu objetivo e recita algumas palavras ao fazer cada nó. Até se acostumar à ordem correta, é bom fazer os nós com o cíngulo em uma mesa ou altar diante de você. Quando se acostumar com a ordem dos nós, conseguirá fazê-los com o cíngulo nas mãos. Comece fazendo um nó na extremidade esquerda de seu cíngulo. Faça o segundo nó na extremidade direita. Seu cíngulo terá, então, um nó em cada ponta. O terceiro nó é feito no meio. O quarto fica entre o nó da esquerda e o do meio. Isso o coloca a um quarto do comprimento do cíngulo. O quinto nó fica entre esse último e o nó da esquerda (um oitavo do comprimento do cíngulo a partir da esquerda). Passe então à outra metade do cíngulo e faça o sexto nó entre o nó do centro e o da direita. Ele ficará a três quartos do cíngulo contando da esquerda. O sétimo nó é feito a sete oitavos do cíngulo, entre o nó a três quartos e o da direita. A posição dos últimos dois nós é óbvia nesse momento, já que as posições a três oitavos e cinco oitavos do comprimento, em ambos os lados do nó central, serão os únicos espaços livres. Faça o oitavo nó aos três oitavos e o último aos cinco oitavos. Isso é ilustrado no diagrama a seguir:

```
X
X                              X
X              X               X
X        X     X               X
X  X  X        X               X
X  X  X        X     X         X
X  X  X        X     X  X  X
X  X  X  X  X        X  X  X
X  X  X  X  X  X     X  X  X
```

Tradicionalmente, cada nó é feito enquanto se diz um versinho rimado. Cada linha começa com "pelo nó de". Se estiver usando sua magia para obter uma ligação mais próxima com Gabriel, pode dizer as seguintes palavras enquanto faz cada nó:

"Pelo nó de um, meu feitiço começa".
"Pelo nó de dois, Gabriel está à vista".
"Pelo nó de três, que assim seja".
"Pelo nó de quatro, por muito mais".
"Pelo nó de cinco, que nosso amor sobreviva".
"Pelo nó de seis, Gabriel consertará"."
"Pelo nó de sete, meu caminho para o céu".
"Pelo nó de oito, junto nosso destino".
"Pelo nó de nove, nos entrelaçamos".

Feitos todos os nós e recitado o feitiço, volte a repetir as palavras, segurando um nó de cada vez. Termine dizendo: "Obrigado, Gabriel".

Criar uma escada das bruxas permite direcionar sua atenção e energia para o resultado desejado — neste caso, uma comunicação íntima com Gabriel. Pode ser útil visualizar a si mesmo imbuindo cada nó com energia e poder vibrantes enquanto amarra-o. Os nós tornam-se assim armazéns de energia que pode usar sempre que desejar. Você sentirá a diferença em seu cíngulo logo que ele for energizado dessa maneira.

Sua escada das bruxas pode ser utilizada de diversos modos. Você pode usá-la como um rosário, repetindo o nome "Gabriel" nove vezes enquanto passa os dedos pelos nós. Pode usar o cíngulo como um cinto, seja por fora ou por dentro das roupas, para manter Gabriel com você em todos os momentos. Alternativamente, pode-se purificar um cantinho de seu jardim para enterrar o cíngulo. Algumas pessoas preferem guardar a escada das bruxas dentro de casa. Nesse caso, ela é enterrada em um vaso de cerâmica com terra. Mantenha o vaso em seu altar, em um lugar especial e tranquilo, mas onde você o veja constantemente.

Eu prefiro guardar meu cíngulo em uma caixa para poder usá-lo sempre que desejo. Conheço pessoas que deixam em uma caixa coberta com areia ou terra. Tenho uma caixa especial para ele; ela também ganhou poder e energia, como resultado por abrigar meu cíngulo.

Uma vantagem de ter meu cíngulo à mão é o fato de realizar um interessante exercício que envolve a criação de uma escada das bruxas e em seguida desfazer os nós um por um, liberando a energia para realizar um objetivo específico. É importante que os nós sejam desfeitos na mesma ordem em que você os fez. O primeiro a ser desatado é o primeiro a ter sido atado. Consequentemente, é uma boa ideia marcar o primeiro nó de algum modo, caso não se lembre qual extremidade foi atada primeiro. Você pode fazê-lo marcando-o com uma caneta de tecido ou amarrando algo no próprio nó. Uma pena, graveto ou um pedacinho de fio são algumas sugestões.

Digamos que esteja pensando em mudar de carreira e queira a orientação de Gabriel. Nesse caso, você cria a escada das bruxas pensando no desejo de mudar de carreira. No momento em que houver criado a escada, o cíngulo estará cheio de poder e energia. Essa energia é, em seguida, liberada para o Universo vagarosamente, desatando-se um nó por dia durante nove dias. Naturalmente, cada nó deve ser desfeito vagarosa e solenemente, pensando em seu objetivo final. No momento em que o nó é desfeito, expire de uma só vez ou grite "liberação!". Todos os nós têm poder, mas o mais importante é o nono, desfeito no último dia.

Em geral, eu desfaço cada nó estando em pé. Mesmo se você ficar sentado nos primeiros oito dias, fique em pé para desatar o último nó. Abra bem os braços quando o nó estiver desfeito e grite "obrigado, Gabriel" tão alto quanto puder. No momento em que atingir essa fase, você deverá ter uma ideia clara do que quer fazer em relação à sua solicitação. Neste exemplo, talvez tenha novas ideias a respeito da direção para a qual pretende se mover ou talvez encontre uma nova posição para si. Não importa o resultado, ele será o certo e você saberá disso, graças ao envolvimento de Gabriel em todo o processo.

Gosto de desfazer os nós na mesma hora todos os dias, mas não se preocupe com isso se não for possível fazê-lo. O mais importante em todo o processo é pensar seriamente em seus desejos enquanto desfaz o nó. Você também pode usar esse tempo para falar a Gabriel a respeito de seu objetivo ao realizar o ritual.

O processo de desatar os nós em uma escada das bruxas é diferente se você tiver objetivos de purificação. Isso pode ser feito se, por exemplo, estiver achando difícil recuperar-se de uma doença e deseja eliminar as toxinas ainda em seu corpo. Talvez pensamentos negativos a respeito de si mesmo ou outros flutuem em sua mente. Você pode se sentir sujo por algo que lhe tenha acontecido.

Em casos como esses, é preciso criar uma escada das bruxas especial, porque ela será destruída ao final do processo. Será necessário apenas uma medida de cordão ou corda macia. Crie uma escada das bruxas da maneira usual, pensando em sua necessidade de purificação. Enterre essa escada por pelo menos 24 horas antes de desatar o primeiro nó. A cada dia, ao desatar um nó, diga: "Gabriel, purifique minha mente, corpo e espírito. Faça-me completo". Você terá uma sensação de alívio e libertação ao desatar o primeiro nó; esse sentimento aumentará firmemente, dia a dia. O sentimento de liberação provavelmente será profundo e, por vezes, dramático, ao desatar o último nó. Liberar seus sentimentos desse modo ajuda em todo o processo. Agradeça a Gabriel por seu auxílio ao purificar e restaurar sua alma. Finalmente, queime o cordão ou corda. Você deverá ter uma forte sensação de paz e felicidade ao fazê-lo.

Repita o processo tantas vezes quanto necessário. Na maior parte do tempo, um ciclo de nove dias basta, mas em casos extremos pode ser preciso repetir diversas vezes. Uma de minhas alunas, que havia sido sexualmente molestada quando criança, realizou este ritual sete vezes antes de sentir-se limpa e completa novamente.

O nó de Gabriel

O nó de Gabriel é um único nó feito em um cordão branco ou índigo. Você pode usar ou levar esse nó para se assegurar de que a energia de Gabriel ficará com você o tempo todo. Com efeito, o nó se torna um ponto de contato entre você e Gabriel. Se o trouxer sempre consigo, poderá tocá-lo ou segurá-lo sempre que precisar da orientação, apoio ou inspiração de Gabriel.

Escolha um bom tamanho de cordão ou corda, com aproximadamente 32 centímetros de comprimento. Sente-se e segure a corda na palma da mão direita. Descanse as costas dessa mão em sua palma esquerda enquanto faz contato com Gabriel. Assim que Gabriel chegar, diga-lhe o que pretende fazer com a corda. Diga que quer criar um nó de ligação, cheio das energias dele, e levá-lo para ajudá-lo a realizar o que deseja. Peça a permissão dele para fazê-lo. Em minha experiência, a permissão será dada, mas sempre se deve perguntar em vez de supor que Gabriel concordará.

Obtida a permissão, feche a mão direita, encerrando parte de, ou todo, o cordão. Feche os olhos e visualize a si mesmo rodeado por uma pura luz branca. Imagine Gabriel em meio a essa luz branca, preenchendo você e o cordão com sua energia divina. Mantenha essa imagem por tanto tempo quanto conseguir. Quando ela começar a desaparecer, agradeça a Gabriel, abra os olhos e faça um único nó no meio do pedaço de corda. Talvez seja preciso costurar as pontas da corda por razões estéticas. Não há problema, já que a energia está contida no próprio nó. Amarre o nó em sua roupa ou leve-o consigo. Toque ou acaricie o nó sempre que sentir que precisa da energia protetora da Gabriel.

Bolsa de Gabriel

As bolsas de Gabriel são um meio interessante e incomum, mas efetivo, de usar as energias de Gabriel para melhorar a qualidade de sua vida. Escolha uma bolsinha de algodão ou seda, de 13 centímetros quadrados. Dentro dela, coloque pequenos objetos que para você simbolizem Gabriel. Você pode escolher algo branco ou azul profundo, já que essas são as cores de Gabriel. Os cristais são uma boa escolha e podem melhorar sua comunicação com Gabriel. Calcita azul, iolita, lápis-lazúli e tanzanita relacionam-se todas com as energias de Gabriel. Talvez você queira escrever uma pequena carta a Gabriel e colocá-la na bolsa. Um de meus alunos recortou um coração em cartolina e escreveu o nome de Gabriel ali. Não importa o item ou itens que você escolha, desde que haja alguma associação entre eles e Gabriel.

Agora é preciso fechar bem a bolsa; aqui entra a magia do nó. Você pode trançar cordões coloridos para criar um pequenino cíngulo. Cordão branco ou índigo também funcionam bem. Comece enrolando o meio do cordão três vezes em torno do alto da bolsa e faça então três nós. Repita mais duas vezes até que a bolsa esteja fechada com nove nós.

O último estágio do processo é pedir a Gabriel que abençoe a bolsinha. Segure-a em sua mão direita e descanse as costas dessa mão na palma da mão esquerda. Sente-se confortavelmente e peça a Gabriel que se junte a você. Quando ele chegar, agradeça pelo amor e pela devoção e peça-lhe para abençoar sua bolsa de Gabriel. Diga-lhe que pretende levá-la sempre para assegurar que suas energias o acompanharão o tempo todo. Ao sentir a bênção, agradeça e segure a bolsinha entre as mãos em concha. Sinta sua energia pessoal fluindo de suas palmas para a bolsa, unindo-se à energia já posta ali por Gabriel.

Agora a bolsa está pronta para ser usada como um amuleto de proteção. Sempre que você precisar de orientação, visão, inspiração ou pureza, segure a bolsinha entre as mãos em concha e permita que a energia dela flua para todas as partes de seu corpo.

Muitas pessoas gostam de aromatizar a bolsinha de algum jeito. Na maioria das vezes, isso deixará a bolsa mais atraente e convidativa. Como vantagem adicional, a escolha correta do aroma também ajudará a propiciar uma ligação mais estreita com Gabriel. Esse é o assunto do próximo capítulo.

Capítulo Seis

Gabriel, Perfumes e Aromas

Por toda a história, sacerdotes, químicos e magos criaram essências especiais para um grande número de aplicações. No livro do Êxodo, Deus deu a Moisés instruções sobre como fazer um óleo de unção e um perfume especial para usar ao louvar a Deus (Êxodo 30:23-28). No mesmo capítulo, Aarão foi instruído a queimar um incenso suave todas as manhãs como oferenda a Deus (Êxodo 30:7-9). No Livro do Apocalipse, um anjo queima incenso antes que soem as trombetas.

Os antigos egípcios também sabiam que perfumes e incenso conseguem atingir aspectos da consciência que não podem ser acessados de nenhuma outra maneira. Acreditava-se que o deus Rá levava as almas para os Salões de Amenti, o lar dos deuses, na doce fumaça dos incensos. A fabricação do incenso era um ritual em si mesmo; liam-se livros sagrados enquanto ele era preparado nos templos. Os médicos egípcios usavam o incenso para defumar e purificar os quartos de seus pacientes. Dizem que a fragrância do incenso ainda podia ser percebida no túmulo de Tutancâmon 3 mil anos depois de ter sido preparada.[33] Acredita-se que Cleópatra usava os conhecimentos sobre incensos, perfumes e óleos para atrair seus amantes. Ela o fazia mergulhando seus vestidos em um perfume a que os amantes não podiam resistir.[34]

---

33. Zolar, *Dreams, Lucky Numbers, Omens, Oils and Incense* (New York, NY: Arco Publishing Company, Inc., 1970), p. 205.
34. Michael Howard, *Incense and Candle Burning* (London, UK: The Aquarian Press, 1991), p. 98.

Na Índia, os hindus fazem incenso de madeiras perfumadas. Usam também água perfumada como oferenda aos deuses. O povo do Tibete coloca incenso em suas caixas de amuletos para afastar espíritos negativos. Os chineses ainda fazem uso regular de bastões aromáticos em ocasiões cerimoniais.

Anjos frequentemente têm um perfume próprio especial e delicado. Muitas pessoas já me contaram ter percebido um aroma magnífico e sobrenaural logo antes da aparição de um anjo. Esse aroma quase sempre permanece no cômodo por uma hora ou mais após a partida do anjo.

Consequentemente, sachês, *pout-pourri*, óleos especiais e perfumes sempre foram usados como oferendas ao divino e são um modo extremamente eficaz de atrair anjos até você. Além disso, os aromas especiais aumentarão sua receptividade e o tornarão mais consciente do reino angelical.

Embora nosso sentido olfativo não seja tão apurado como o de vários outros animais, temos um cérebro muito mais desenvolvido que pode processar aromas de forma exata e precisa. Embora não o percebamos conscientemente, os humanos podem farejar o estado emocional de outras pessoas, seu estado de saúde e bem-estar e seu grau de sensualidade.[35]

Incenso

O incenso é usado há milhares de anos. Todo tipo de material já foi experimentado na tentativa de aperfeiçoar a experiência mágica. Atualmente, a maioria dos incensos é feita de ervas. Você pode comprar incenso a granel, mas o que vem em bastões ou cones é mais prático, seguro e fácil de usar.

Você pode fazer seu próprio incenso, se quiser; há muitos livros que ensinam isso.[36] Uma das vantagens de fabricar seu próprio

---

35. Keith Foster, *Perfume, Astrology and You* (Greenford, UK: Sagax Publishing, 1997), p. 16.
36. Um livro que particularmente recomendo é *Natural Magic: Potions and Powers from the Magical Garden* de John Michael Greer (St. Paul, MN: Llewellyn Publications, 2000). Outros livros úteis são: *The Complete Book of Incense, Oils and Brews,* de Scott Cunningham (St. Paul, MN: Llewellyn Publications, 1989), e *Wylundt's Book of Incense* de Steven R. Smith (York Beach, ME: Samuel Weiser, Inc., 1989).

incenso, óleos essenciais e perfumes é que você pode colocar seus sentimentos e desejos em cada etapa do processo. Trabalhe sempre em uma área bem ventilada e tome todas as precauções possíveis. Leia as instruções com cuidado. Muitas pessoas têm dor de cabeça após trabalhar com aromas por algum tempo. Para evitar isso, saia diversas vezes para respirar ar fresco.

Se você decidir comprar incenso, em vez de fazê-lo, procure lojinhas de igreja, assim como lojas de magia e ocultismo.

Qualquer aroma de que você goste poderá ser usado para entrar em contato com Gabriel ou aumentar a força e o poder de qualquer ritual que envolva você e Gabriel. Porém, há muitos aromas relacionados especificamente a Gabriel; use-os se não tiver um aroma favorito.

Os aromas usados relacionam-se a seu objetivo ao fazer contato com Gabriel.

Se você estiver em busca de orientação, poderá usar acácia, ambreta, magnólia, samambaia, gengibre, pilriteiro, lilás, lírio, nérole, patchuli, rosa, sálvia, ervilha-de-cheiro e óleo de tolu.

Se precisar de purificação poderá usar ambreta, óleo de cálamo, íris, menta, mirto, reseda, timo, goivo amarelo e gaultéria.

Se precisar eliminar dúvidas e temores, use ambreta, angélica, bergamota, cravo (flor), citronela, bálsamo de limão, lima, melissa, mimosa, mirto, orégano, pimentão-doce e sálvia. Os seguintes aromas são úteis para criar a paz da mente: aloé, camomila, gardênia, lavanda, mirto e violeta.

Se o desejo for aumentar seus poderes de visão, profecia e percepção, use acácia, cíclame, heliotrópio, junquilho, lírio, nérole, arruda, óleo de tolu e tuberosa.

Se estiver especificamente interessado em desenvolver seus poderes psíquicos, use louro, cinamomo, escrofulária, avelã, hissopo, lavanda, cravo-de-defunto, noz-moscada, carvalho, tosa, timo, losna e milefólio.

Se sentir necessidade de proteção, use aloé, anis, bálsamo de gileade, manjericão, alcaravia, camomila, cravo, sangue-de-dragão, alho, pilriteiro, hissopo, hera, mandrágora, manjerona, ulmária, visco, cebola, pervinca, alecrim, sorveira-brava, sálvia, erva-de-são-joão, sândalo, hamamélis e losna.

Astrologicamente, a Lua está sob a regência angelical de Gabriel. Os incensos relacionados à Lua são convólvulo, cânfora, jasmim, lírio branco, narciso, patchuli e papoula. Com a exceção da papoula, um narcótico, essas ervas criam uma sonolência, o que explica serem atribuídas à Lua, o satélite associado aos sonhos e à intuição.

Óleos essenciais

Óleos essenciais são fragrâncias criadas por plantas. Em alguns casos, uma planta pode fornecer vários óleos diferentes. O nérole, por exemplo, vem das flores da laranjeira, o *Citrus aurantium* vem das folhas da mesma planta e a laranja vem do fruto.

Como tudo o mais, o produto vale aquilo que você paga por ele. É possível comprar óleos essenciais sintéticos, mas eles não trarão os mesmos benefícios obtidos com óleos essenciais genuínos. Se você considerar que são necessárias 40 rosas para produzir uma única gota de óleo essencial de rosas, compreenderá por que são tão caros. Certifique-se de adquirir óleos de boa qualidade, com a data de validade impressa no rótulo e envasados em vidro escuro para proteger e conservar os óleos.

Óleos essenciais podem ser usados de diversos modos. Eu acho útil acrescentar algumas gotas de óleo essencial a um pires de água fervente em meu altar. Obviamente, o pires deve ser posto em algum lugar em que não seja derrubado ou derramado. É ainda melhor usar um difusor aquecido por uma vela. Coloque três colheres de chá de água fria no recipiente e adicione algumas gotas de um óleo essencial antes de acender a vela. O aroma será quase imperceptível no início, mas gradualmente preencherá o cômodo.

Outro método eficaz é aspergir algumas gotas de óleo essencial em travesseiros e almofadas de seu espaço sagrado. Você pode encorajar Gabriel a vir, ter com você em seus sonhos colocando algumas gotinhas de óleo essencial em seu travesseiro antes de se deitar.

Algumas gotinhas de óleo essencial em um bastão de incenso aumentam o poder do ritual realizado.

Há um número imenso de óleos essenciais disponíveis. São, com frequência, usados para ajudar na cura de problemas físicos, mas o efeito que têm em nossos aspectos emocional e espiritual é muito mais importante, já que nos ajudam a entrar em contato com o reino angelical e também tratam as causas emocionais por trás de muitos problemas físicos.

Percebi pela primeira vez o incrível poder dos óleos essenciais quando um membro de um clube de café-da-manhã do qual faço parte começou a fazer experiências com eles. Em cada encontro ele usava um tipo diferente de óleo, sem nos contar o efeito que teria sobre nós. Invariavelmente, todo o tom da reunião era determinado pelo óleo escolhido. Quando ele usava jasmim, por exemplo, os encontros eram vivos e muito divertidos. Porém, quando usava sândalo, ficávamos mais quietos e introspectivos.

Há diversos óleos que podem ser usados para auxiliar no contato com Gabriel. Lavanda é uma boa escolha se o objetivo for a purificação. É um óleo que embala e permite banir dúvidas e temores e recomeçar. Pinho aumenta sua consciência de automerecimento e é outra boa escolha para a purificação. A camomila-dos-alemães permite deixar o passado para trás e começar a se mover em frente de novo. O patchuli cria equilíbrio, harmonia e plenitude. Quando todos os lados de sua constituição estiverem equilibrados, você poderá realizar qualquer coisa em que concentrar a mente. Se quiser a orientação de Gabriel, tente pimenta-do-reino. Ela ajuda a conseguir uma concentração e a se mover na direção certa. Hortelã-pimenta é boa escolha se sua visão e inspiração precisarem de um empurrãozinho. Pau-rosa ajudará a desenvolver o lado psíquico e intuitivo de sua pessoa. O sândalo protege contra a negatividade alheia. Também o olíbano traz proteção, mantendo você concentrado em seus objetivos, quaisquer que sejam eles. Ele assegura seu crescimento em conhecimento e sabedoria. A melaleuca pemite que você se aceite como é e ajuda a compreender as motivações dos outros. O ylang-ylang traz paz, tranquilidade e calma; ele elimina emoções negativas e nutre o lado feminino de nossa natureza.

Pout-pourri

Nossos avós faziam uso regular do *pout-pourri* para refrescar e suavizar o ambiente. É possível conseguir recipientes especiais para *pout-pourri*, com tampas cheias de buraquinhos que deixam sair as fragrâncias. Porém, um recipiente aberto de cerâmica ou argila já basta. Misture suas ervas favoritas, coloque-as no vaso e permita que o aroma sutilmente transforme a sensação do cômodo.

Sachês

Um sachê é um saquinho de tecido cheio de ervas ou outras fragrâncias. De certa forma, é um *pout-pourri* fechado e portátil. É normalmente usado para aromatizar roupas guardadas. Porém, os sachês também servem para reforçar as energias dos instrumentos mágicos que você possa ter. Também podem ser carregados, usados em torno do pescoço ou colocados dentro do travesseiro. Coloque um deles no carro para sentir seus benefícios em todos os lugares. Uma bolsa de Gabriel é uma forma de sachê.

Os saquinhos de sachê podem ser feitos de qualquer tipo de tecido. Musselina é uma boa escolha. O saquinho deve ser grande o bastante para conter várias colheradas de ervas. Use qualquer erva aromática que desejar. Escolha-as com base em livros especializados ou usando sua intuição. Verbena é uma boa escolha para qualquer tipo de finalidade mágica ou espiritual.

Os saquinhos de sachê devem ser substituídos com alguma frequência. Em geral, uma vez por ano, se estiverem sendo usados para purificar ou consagrar roupas, instrumentos ou um espaço sagrado. Porém, se você estiver usando ou levando o sachê, ele deve ser trocado a cada três ou quatro meses.

Banhos

Banhos de ervas são um modo agradável de obter as qualidades oferecidas pelas ervas. Um banho de ervas pode trazer proteção, aumentar a intuição e ajudá-lo a atrair aquilo que deseja. Sachês de banho podem ser feitos misturando-se as ervas desejadas, colocando-as no meio de uma fralda de pano ou talagarça e amarrando as pontas para criar um saquinho. Coloque esse saquinho na banheira e deixe-o ali até que a água esteja agradavelmente aromatizada.

Sais de banho são outro modo eficaz de usufruir de aromas agradáveis. Embora você possa fazer seus próprios sais de banho, eu prefiro comprá-los e escolher fragrâncias relacionadas à minha necessidades naquele momento. O banho ritual é uma boa prática antes de qualquer prática e o uso dos sais de banho corretos ajuda a harmonizar a pessoa espiritual e intuitivamente antes que o verdadeiro ritual se inicie. Nem sempre é necessário tomar banho antes, mas isso ajuda a atingir o estado mental certo para assegurar um bom resultado. Enquanto relaxa no banho, pense em seu objetivo e no resultado desejado.

Sabonetes

Sabonetes perfumados podem ser um complemento útil a qualquer trabalho de magia. Eu compro sabonetes artesanais de boa qualidade em um empório perto de casa, mas qualquer sabonete que tenha o cheiro agradável pode ser utilizado. Sabonetes fazem muito mais que criar um odor agradável, obviamente, e seria difícil pensar em algo melhor quando se trata de um trabalho de purificação.

Pomânderes

Pomânderes eram, originalmente, pequenas latas de metal ou porcelana com temperos e ervas. Eram usadas em volta do pescoço ou suspensas na cinta. O objetivo era proteger a pessoa contra infecções e odores desagradáveis. Hoje em dia, pomânderes tradicionais são cada vez mais raros. Porém, de vez em quando, vemos um pomânder popular, constituído de uma laranja seca com cravos espetados. Ele produz uma fragrância picante que refresca o cômodo e repele traças.

Pomânderes desse tipo são fáceis de fazer. Basta conseguir uma laranja madura média e alguns cravos-da-índia. Espete os cravos na laranja até cobri-la completamente e coloque-a em um lugar quente para que seque. Em cerca de duas semanas o pomânder estará pronto para ser usado.

Pode-se atar uma fita em torno do pomânder ou embrulhá-lo em tule e pendurá-lo onde você desejar. A mistura de laranja e cravos simboliza o dia e a noite, o que significa que um pomânder desse tipo trará proteção 24 horas por dia.

Flores

Não podemos esquecer o delicado perfume oferecido pelas flores. Flores recém-colhidas aumentam a beleza de qualquer ambiente. Porém, devem ser jogadas fora logo que comecem a murchar.

Flores brancas têm forte relação com Gabriel. Um exemplo especialmente mágico é a flor "selo-de-salomão", uma florzinha com belos botões brancos e envernizados. Gosto das flores brancas que liberam seu perfume à noite. Goivo-noturno, boas-noites e narcisos brancos são bons exemplos.

Flores brancas também podem trazer um mês de boa sorte. Coloque algumas em um vaso de cristal ou vidro e ponha-o em uma janela em que ele possa ser acariciado pela luz da Lua. Elas absorverão as energias da Lua e trarão boa fortuna.

O lírio é tradicionalmente tido como símbolo de Gabriel. Muitas pinturas medievais mostram Gabriel com um lírio na mão. Isso ocorre provavelmente porque lírios brancos são regidos pela Lua. Plantar lírios, ou tê-los em casa, é um bom modo de honrar Gabriel e tudo o que ele faz por você. Sempre que você por acaso olhar seus lírios, sorria e cumprimente-os com um gesto de amor e respeito.

Fragrâncias podem ser usadas sozinhas ou como parte de um ritual. O olfato é um de nossos sentidos mais apurados e um odor pode trazer instantaneamente lembranças das ocasiões em que os sentimos. Incensos e outros aromas foram usados em toda a história para entrar em contato com os reinos angelicais. Experimente-os e perceba como eles ajudam a obter uma ligação mais estreita com Gabriel.

Capítulo Sete

Gabriel e a Água

A água é uma das necessidades básicas da vida. Os lugares em que a água nasce sempre foram considerados sagrados. Os povos antigos acreditavam que qualquer lugar onde regatos saíssem do chão, rios corressem, cachoeiras caíssem ou houvesse lagos era habitado por espíritos divinos. Eles ofereciam orações e sacrifícios para aplacar os deuses da água na esperança de receber boa fortuna e evitar a possibilidade de desastres como inundações ou o desaparecimento das fontes de água.

O segundo versículo da Bíblia traz uma descrição notavelmente evocativa: "O Espírito de Deus pairava por sobre as águas" (Gênesis 1:2). É fácil imaginar uma face na água movente. Também não é difícil imaginar a face de Deus refletida na superfície das águas.

Os elementos

Os antigos acreditavam que o mundo foi criado quando os elementos fogo, terra, ar e água uniram-se para criar ordem a partir do caos. Esses quatro elementos formam tudo o que existe e estão nos mundos invisíveis e espirituais, assim como no mundo cotidiano e material. Nos mundos invisíveis, eles combinam-se para formar o espírito, a força vital em todas as coisas vivas. Como a energia divina é feita dos quatro elementos, podemos usar os elementos para atrair tudo o que desejamos.

A primeira pessoa a ensinar o conceito dos quatro elementos foi Empédocles, um siciliano que viveu por volta de 475 a.C. Porém, esse conceito é muito mais antigo que ele e representou um papel vital nas tradições mágicas assíria, egípcia, grega, hebraica e persa. Foi Aristóteles (384-322 a.C.) quem apresentou os quatro elementos ao Ocidente e, durante os últimos 2 mil anos, eles representaram um papel fundamental em muitas tradições.

Ao longo dos tempos, fizeram-se diferentes associações com os elementos. Abaixo listamos algumas das mais comuns.

Fogo

Plano: Espiritual
Signos astrológicos: Áries, Leão, Sagitário
Metal: Ouro
Direção: Sul
Cor: Vermelha (cor alternativa: laranja)
Estação: Verão
Pedra preciosa: Opala de fogo
Aroma: Olíbano
Gênero: Masculino
Anjo: Miguel

Terra

Plano: Físico
Signos astrológicos: Touro, Virgem, Capricórnio
Metal: Chumbo
Direção: Norte
Cor: Verde (cor alternativa: preto)
Estação: Inverno
Pedra preciosa: Quartzo
Aroma: Estoraque
Gênero: Feminino
Anjo: Uriel

Ar

Plano: Mental
Signos astrológicos: Gêmeos, Libra, Aquário
Metal: Mercúrio

Direção: Leste
Cor: Amarelo (cores alternativas: azul, branco)
Estação: Primavera
Pedra preciosa: Topázio, Calcedônia
Aroma: Gálbano
Gênero: Masculino
Anjo: Rafael

Água

Plano: Emocional
Signos astrológicos: Câncer, Escorpião, Peixes
Metal: Prata
Direção: Oeste
Cor: Azul (cores alternativas: prata, branco)
Estação: Outono
Pedra preciosa: Água-marinha, berilo
Aroma: Mirra
Gênero: Feminino
Anjo: Gabriel

Muitas outras associações podem ser feitas, de evangelistas a elementais, passando por deuses e deusas.

Como você vê, Gabriel é associado à Água. Consequentemente, usamos o elemento água para aumentar nossa proximidade com Gabriel e receber mensagens e inspiração vindas dele. A água pode ser encontrada em muitas formas. Se você vive à beira-mar, já está garantido. Porém, uma pessoa que mora, por exemplo, no Novo México, ficaria provavelmente emocionada e empolgada com a perspectiva de passar algum tempo na praia. Obviamente, há água no lugar em que você mora. Pode ser o mar, um lago, um rio, um regato ou mesmo um riacho. Qualquer deles pode ser usado para a comunicação com Gabriel.

Divinação

Quando se pensa em divinação, normalmente nos vem à mente a imagem de bolas de cristal. Porém, a divinação com água é algo muito mais antigo. Na Bíblia, José diz: "Não é esse o copo em que bebe meu senhor? E por meio do qual faz as suas adivinhações? (Gênesis 44:5). A cilicomancia, ou adivinhação em taças cheias de líquido, sempre foi um dos métodos mais difundidos de divinação no Ocidente.[37]

Ninguém sabe onde começou essa forma de adivinhação, mas antigos historiadores como Verro, Estrabão e Purchas achavam que a Pérsia era o lugar mais provável. Taças de adivinhação são mencionadas tanto no *Rubaiyyat de Omar Khayyam* como no *Sháhnáma de Firdausi*, também conhecido como *O Livro dos Reis*. Abolgassem Firdausi (935-1020 d.C.) era um poeta e proprietário de terras que escreveu seu poema épico para dar um dote à sua filha. Infelizmente, o sultão pagou-lhe uma bagatela por seu poema. Mais tarde ele concordou e enviou o equivalente a 60 mil dinares em índigo para o poeta, mas era tarde demais. O poeta estava morto. De fato, o presente chegou no seu funeral.

Em seu poema, ele escrevera:

Então irei
Evocar a taça que espelha o mundo
E ficar diante da presença de Deus. Nessa taça
Contemplarei os sete climas da Terra,
Campo e colina e todas as províncias
Oferecerão reverência a meus ancestrais
Meus senhores escolhidos, vastos, e saberei
Onde está teu filho. A taça tudo me mostrará.[38]

Damáscio (480-550 d.C.), o último dos estudiosos platônicos da Academia Grega de Atenas, escreveu a respeito de uma mulher santa que fazia predições com um copo cheio de água pura.[39] Embora Damáscio tenha escrito que não testemunhara aquilo pessoalmente, há outros relatos contemporâneos que trazem um quadro mais claro do processo. Ao se encher o copo, ou copos, com água pura,

---

37. Theodore Besterman, *Crystal-Gazing* (New Hyde Park, NY: University Books, Inc., 1965), p. 4 (originalmente publicado por William Rider and Son Limited, London, 1924).
38. Abolgassem Firdausi, *The Sháhnáma of Firdausi*, trad. A. G. Warner e E. Warner (London: T. Werner Laurie, 1905), p. 317.
39. Damáscio, *Bita Isidori*, editado por R. Asmus (Leipzig, 1911), p. 118.

colocavam-se tochas acesas em volta deles. Feito isso, a questão a ser adivinhada era feita. Em seguida, um menino jovem e inocente ou uma mulher no final da gravidez tentava observar quaisquer mudanças nos copos, pedindo a eles, ao mesmo tempo, uma resposta à questão. Normalmente o reflexo nos copos dava a resposta.[40]

Havia também diversas nascentes oraculares na Grécia. Pausânias menciona três, usadas para fins de adivinhação. O oráculo de Apolo Thyrxeus revelava na água as respostas para qualquer pergunta. Infelizmente, as qualidades divinatórias algumas vezes eram frágeis. Uma renomada fonte em Tenaro perdeu seu poder quando uma mulher usou-a para lavar roupa suja.[41]

O mais antigo relato impresso de divinação na Inglaterra remonta a 1467. William Byg foi acusado de heresia após ganhar a vida como adivinho por dois anos. Como punição, teve de andar à frente de uma procissão na Catedral de York com uma tocha acesa na mão direita e seus livros esotéricos pendurados em um bastão na esquerda. Também teve de retratar-se e queimar seus livros.[42]

Há uma considerável quantidade de folclore a respeito da divinação. Até recentemente, as meninas de Lincolnshire visitavam o Poço das Donzelas para descobrir a identidade de seu futuro parceiro. Tinham de se aproximar do poço de costas e andar em torno dele três vezes do mesmo jeito. Se olhassem em seguida dentro do poço, veriam o rosto de seu futuro amante.[43] Uma prática similar foi registrada na ilha de Andros, na Grécia. Meninas seguram um espelho acima de um poço para ver seus futuros maridos revelados no reflexo da água.[44]

Um extraordinário exemplo de divinação espontânea foi relatado no *Journal of the Society of Psychical Research* em dezembro de 1903. Uma mulher acordou durante a noite, apanhou um copo

---

40. John Potter, *Archaeologia Graeca*, editado por J. Boyd (London, UK: Thomas Tegg, 1837), pp. 327-328.
41. Pausânio, *Description of Greece*, VII xxi. 12. Trad. *Sir* J. G. Fraser (London, UK: Macmillan and Company, 1898, 8 volumes), 1.176, pp. 36-361.
42. J. Raine, "Divination in the Fifteenth Century by Aid of a Magical Crystal". Artigo *in The Archaeological Journal* (London, UK, 1856), xiii, pp. 372-374.
43. E. Gutch e Mabel Peacock, *Examples of Printed Folk-lore Concerning Lincolnshire* (London, UK: Folk-lore Society, 1908), p. 9.
44. Sir Rennell Rodd, *The Customs and Lore of Modern Greece* (Chicago, IL: Argonaut, Inc., 1968), p. 185 (publicado pela primeira vez em London, UK, 1892).

d'água em sua mesinha de cabeceira e, antes de beber, viu a imagem de um trem em movimento na água. Enquanto olhava, um vagão bateu no outro. Algumas horas depois, o sr. Leeds, seu marido, chegou em casa e contou-lhe o acidente que ocorrera em seu trabalho. Fora exatamente aquele que ela vira no copo. O guarda-freios ficou gravemente ferido.

O Conde Cagliostro (1743-1795) usava criancinhas quando adivinhava. Como muitos de seus experimentos nessa área foram registrados por outras pessoas, sabemos exatamente como ele trabalhava. Um desses relatos foi feito em seu julgamento por tentar organizar a Maçonaria na Itália, em 1791. Contava que uma criancinha foi posta no colo dele, diante de uma mesa que continha uma grande garrafa de água pura. Por trás da garrafa havia muitas velas acesas. Cagliostro realizou um exorcismo e colocou as mãos na cabeça do menino. Ambos oraram então a Deus pelo sucesso da experiência. O menino olhou na garrafa e contou a Cagliostro o que estava vendo.

O Conde Beugnot, ministro de Estado de Napoleão I, escreveu que Cagliostro foi capaz de dizer às pessoas o que estava acontecendo em uma cidade distante no momento em que a experiência era realizada em Paris. Ele também podia dizer o que ocorreria dali a seis dias, seis meses, seis anos ou 20 anos. Porém, certas condições eram necessárias antes que Cagliostro pudesse fazer isso. Era importante que a criança fosse pura e inocente. Deveria ter nascido em uma certa hora, ser altamente intuitiva e ter olhos azuis. Normalmente, um requisito essencial era que fosse uma criança impúbere, mas Mademoiselle de Latour, uma adolescente, era uma das protegidas de Cagliostro. Tirando a idade, ela possuía todas as qualidades desejadas. Em ao menos uma ocasião, ela viu o arcanjo Gabriel dentro da água. Gabriel, amavelmente deu-lhe todas as informações solicitadas pelo cardeal de Rohan que, junto com Cagliostro, estava envolvido em um complicado escândalo conhecido como "O Caso do Colar".[45]

A divinação com água é prática realizada em todo o mundo. Uma interessante variação foi registrada por *Sir* Frank Swettenham,

---

45. J. C. Beugnot, *Life and Adventures of Count Beugnot: Minister of State Under Napoleon*, editado por Charlotte Yonge (London, UK: Hurst and Blackett, 1871, 2 volumes), i. p. 205 (republicado por Elision Classics, 2001).

que encontrou um vidente árabe na Malásia. Esse homem jejuava e orava antes de derramar pequena quantidade de água em um pedacinho de papel com escritos. O vidente via tudo o que precisava saber, olhando a pequena poça de água.[46]

Na África, adivinhar com água é comum. Os zulus leem as predições na água da vasilha de seu chefe. Nativos das tribos Kaonde e Alunda podem ver tanto o passado quanto o futuro em lagos de água do rio.[47]

A finalidade da divinação é temporariamente bloquear a porção crítica e racional de sua mente, de forma que você se torne mais receptivo às mensagens de seu subconsciente. Dessa forma, sua intuição pode fluir plenamente. Nesse estado, especialmente com a divinação na água, você se torna extremamente receptivo a qualquer comunicação com Gabriel.

Como ler na água

A divinação é um dom que qualquer pessoa pode desenvolver com a prática. Algumas delas têm esse talento naturalmente, enquanto outras precisam perseverar para obter resultados. Experimente em diferentes momentos do dia e em várias condições. Algumas pessoas preferem adivinhar sob a luz direta do sol, enquanto outras precisam de um cômodo na penumbra. Alguns gostam de ter alguma luz, como uma vela, por trás do vidro de água em que estão espiando. Porém, outros adivinhos acham que isso atrapalha mais que ajuda. Alguns colocam seu vidro sobre uma superfície escura, como um veludo preto, enquanto para outros a superfície não influi em nada. Como cada pessoa é diferente, você terá de experimentar até encontrar a combinação certa.

Você precisará de um copo simples. Não escolha nenhum que tenha desenhos ou que seja canelado na superfície. Quanto mais liso, melhor. Encha três quartos do copo com água e pouse-o em uma superfície adequada.

---

46. F. A. Swettenham, *Malay Sketches* (London, UK: John Lane, The Bodley Head, 1895), pp. 202-203 (reimpresso por Graham Brasch, Singapura, 1984).
47. Theodore Besterman, *Crystal-Gazing*, p. 99.

Sente-se de forma a poder ver o copo de cima para baixo. A superfície da água deve estar a uma distância confortável de seus olhos. Porém, não olhe para a superfície da água. Em vez disso, olhe através da superfície para a água que está embaixo.

Não há necessidade de eliminar pensamentos ou de se esforçar, ou mesmo de concentração. Simplesmente olhe para a água e veja o que acontece. Se tiver sorte, verá resultados quase imediatamente. Se nunca tiver praticado a divinação antes, talvez não veja nada nas primeiras vezes em que tentar.

Não há um período ideal de tempo para praticar. Olhe a água até seus olhos ficarem cansados. Não há por que continuar depois de chegar a esse estágio. Guarde o copo e tente novamente mais tarde.

Algumas vezes a visão começa diretamente; em outras, a água pode se enevoar ou escurecer antes que a visão se inicie. Um conhecido disse-me que a água sempre fica leitosa antes que as visões comecem. Porém, já conversei com pessoas que tiveram sensações diferentes. Uma de minhas alunas disse que a superfície da água fica manchada por vários segundos antes que as visões apareçam. Muitos dos meus alunos veem algo semelhante a nuvens passageiras. Outros relatam ter uma súbita sensação de paz, que lhes indica que a visão está prestes a começar. Você pode ter uma ou mais dessas experiências, ou ainda algo completamente diferente.

Os resultados serão variados. Normalmente, o copo e o que está em volta parecerão desaparecer temporariamente e você terá um tipo de visão. Se estiver fazendo a leitura com um fim específico, verá algo relacionado a isso, embora possa não parecer até que você pense melhor. Se estiver praticando a divinação por simples curiosidade, as visões podem ser sobre qualquer coisa, embora o mais provável seja se relacionarem ao que estiver acontecendo em sua vida no momento da experiência. Se estiver lendo na água para fazer contato com Gabriel, talvez veja Gabriel no vidro, mas é mais provável que tenha visões relacionadas às suas razões para entrar em contato com ele. Não fique desapontado se não vir Gabriel. Isso pode acontecer mais tarde. Preste atenção nas visões que tiver e faça bom uso delas.

Talvez você esteja praticando a divinação para ter percepções de seu futuro. Esse é um exercício útil, especialmente se tiver duas ou mais direções possíveis para ir. Pode-se examinar uma possibilidade de cada vez para ver qual delas é mais atraente. Peça depois o conselho de Gabriel para saber qual seguir.

O estado em que se fica durante a divinação assemelha-se ao sonambulismo. Se algo acontecer para perturbá-lo, você volta instantaneamente ao seu mundo cotidiano. Há muitos anos, uma de minhas alunas estava preocupada com a possibilidade de sofrer uma interferência externa enquanto adivinhava, pois sentia estar em estado alterado. Porém, isso não é possível. A divinação é perfeitamente segura.

Divinação e escrita automática

A escrita automática é um interessante fenômeno que ocorre quando sua mão, segurando uma caneta, escreve mensagens enquanto está relaxando ou fazendo qualquer outra coisa. Muitos livros já foram escritos desse modo. É como se alguém ou algo tomasse o controle de sua mão e criasse mensagens que podem ser surpreendendes ou inesperadas.

Quando tiver um tempo livre, tente praticar a escrita automática. Se, por exemplo, você estiver relaxando diante da televisão, tente segurar uma caneta sobre um bloco de papel e ver o que acontece. O mais importante é simplesmente deixar acontecer. Não reaja quando sentir sua mão começando a se mover. Espere até estar terminado e depois veja o que foi produzido. No início, é provável que trace garatujas ou círculos e elipses. Porém, as palavras gradualmente começarão a vir e você se espantará com a rapidez com que pode escrever palavras sem qualquer impulso consciente de sua parte.

Usar uma combinação de divinação e escrita automática é um modo altamente eficaz de receber mensagens de Gabriel. Sente-se diante do copo que estiver usando para divinação. Coloque um bloco de papel na mesa ao lado do copo e descanse sua mão de escrever sobre ele, com um lápis ou uma caneta. É importante que a mesa seja firme, já que é indesejável que a mão crie movimentos da água.

Faça a divinação normalmente, mas peça a Gabriel que lhe traga uma mensagem. Ela pode vir de três modos: a resposta pode aparecer dentro do copo, você pode receber uma mensagem pela escrita automática ou ambas.

Divinação na água na vida cotidiana

Você pode ler na água onde quer que encontre o líquido. Com prática, descobrirá que pode ler na água com eficácia no curso de um riacho, regato ou rio. Também poderá fazê-lo olhando as águas de um lago ou oceano. Acho melhor concentrar a atenção no brilho do sol sobre a superfície da água ao fazer isso.

Sente-se em um lugar confortável em que possa olhar para a água. Permita-se relaxar e observe o sutil movimento da água ou o brilho do sol na superfície. Pense sobre seu objetivo ao ler na água e perceba o que lhe vem à mente. Se descobrir que está tendo pensamentos aleatórios sobre algo completamente diferente, traga com delicadeza sua mente de volta ao propósito inicial. No devido tempo, algo relacionado ao objetivo surgirá em sua mente. Faça perguntas sobre o assunto e veja quais outras informações chegam a você.

Também pode-se ler na água desse modo quando não se tem uma questão específica. O exercício acaba se transformando em uma espécie de meditação. Pensamentos aleatórios virão. Persiga aqueles que parecerem interessantes e descarte delicadamente os outros.

É incomum ter visões em grandes volumes de água, mas às vezes acontece. Com sorte, é possível ver figuras na água sempre que se pratica a divinação desse modo, mas para a maior parte das pessoas é um acontecimento raro.

Divinação nas ondas

Obviamente, esse método só pode ser usado à beira-mar. Se alguma vez você já observou os movimentos das ondas, deve ter percebido o quanto podem ser hipnóticas. O melhor momento para ler nas ondas é à noite, com o luar dançando sobre a superfície do mar.

Sente-se em um lugar em que possa observar as ondas e permita que o movimento delas conduza-o a um estado ligeiramente alterado. É a mesma sensação que se tem em uma fria noite de inverno, quando nos sentamos diante do fogo olhando para as chamas. A tendência é piscar menos e gradualmente sentir-se atraído para o lugar observado. É por isso que sempre se deve sentar antes de realizar este exercício.

Ao atingir esse estado, peça uma resposta para as suas preocupações ou simplesmente espere para ver o que virá. Você ficará espantado com o que vem à sua mente. As percepções e informações recebidas desse modo não podem ser conseguidas com nenhum outro método.

Mas a divinação no mar tem uma ressalva. Em consequência dos poderosos efeitos hipnóticos das ondas, esse exercício só deve ser praticado se você tiver certeza de que não será atraído para o mar. Pessoas extremamente sugestionáveis devem limitar sua divinação na água a pequenos recipientes, na segurança do lar.

Os sons da divinação

Certamente, quando era criança, você já molhou o dedo em um copo de líquido e produziu um som passando o dedo úmido na borda do copo. Esse era um método de divinação usado há mais de mil anos. Michael Constantius Psellus (1020-1105 d.C.) podia estar se referindo a isso ao escrever em seu livro, *De daemonibus*:

> *Quando a água começa a se prestar como veículo do som, o espírito também presentemente emite uma fraca e aguda nota de satisfação, mas desprovida de significado; e logo depois disso, enquanto a água está ondulando, certos sons fracos e quase imperceptíveis sussurram predições do futuro.*[48]

Em seu livro, *Scrying for Beginners*, Donald Tyson sugere que Nostradamus pode ter realizado suas previsões esfregando uma varinha em torno da borda de um recipiente e pedindo ao seu anjo da guarda para interpretar os sons. Ele provavelmente também via imagens na vasilha.[49]

---

48. Michael Constantius Psellus, citado em Charles A. Ward, *Oracles of Nostradamus* (London, UK: Leadenhall Press, 1891), p. 76.
49. Donald Tyson, *Scrying for Beginners* (St. Paul, MN: Llewellyn Publications, 1997), pp. 93-101

Se tiver vontade de experimentar esse método, consiga uma tigela grande e funda. Coloque-a em um tripé ou uma base curta para permitir que ressoe com clareza. Para descobrir o nível certo de água, será preciso usar o método da tentativa e erro. Comece enchendo três quartos da vasilha e, pouco a pouco, acrescente mais água até que funcione bem.

É preciso uma varinha para esfregar as bordas do recipiente. Tradicionalmente, um ramo de loureiro era usado. Porém, maçã, louro, avelã, pera e salgueiro também servem bem. Sua varinha deve ter entre 6 e 18 polegadas de comprimento. Também aqui é preciso testar até descobrir qual tamanho funciona melhor. Se não conseguir uma varinha adequada, use o indicador de sua mão dominante. Porém, essa deve ser apenas uma providência temporária.

Mergulhe a ponta da varinha na água até que esteja bem úmida; em seguida, esfregue-a vagarosamente em torno das bordas da tigela. O movimento criará um encrespamento na água. Ouça com atenção os sons suaves e fracos que estão sob o som mais forte, dominante. Nostradamus achava que esse som era uma mensagem do céu. Eu acredito ser mais provável que seja o arcanjo Gabriel falando com você. Assim que puder sentir esse som suave, sutil, feminino, interrompa os movimentos da varinha e ouça os sons desmaiantes enquanto olha para a água. Talvez ouça palavras sussurradas, veja imagens na tigela ou receba impressões em sua mente. Siga o que vier por tanto tempo quanto conseguir. Se receber uma resposta detalhada, já pode parar. Se precisar de mais informações, repita o processo tantas vezes quanto for necessário para descobrir o que precisa saber.

Poços do desejo

Atirar moedas em um poço é prática muito antiga. Os antigos gregos faziam isso para aplacar os deuses aquáticos, achando que se atirassem moedas em um poço ele não secaria. Sempre se tentou aplacar os deuses da água pensando que isso traria boa sorte.

Diz uma tradição que se você atirar uma moeda em um poço ou fonte e esperar até que a água volte a ficar parada o suficiente para que você veja seu reflexo, qualquer desejo feito será concedido pelos deuses. Uma variante dessa tradição pode ser vista hoje em dia, quando os casais em lua-de-mel que vão para as Cataratas do Niágara atiram moedas nas Cataratas do Véu da Noiva para garantir boa sorte e um casamento feliz.

Poços do desejo também eram usados como tigelas de adivinhação. Uma moça que quisesse casar atirava uma moeda em um poço, na esperança de ver o rosto do futuro marido na água. Isso era feito normalmente durante a Lua cheia, pois a Lua sempre foi considerada benéfica nos assuntos relacionados ao amor e ao romance.

Poços do desejo e fontes são excelentes lugares para entrar em contato com Gabriel. Encontre uma oferenda adequada, como uma pedrinha redonda ou uma moedinha, e atire no poço ou fonte. Agradeça por todas as bênçãos em sua vida e peça-lhe que se junte a você. Sente-se confortavelmente perto do poço ou fonte e aproveite a comunhão com a natureza e a conversa com Gabriel. Esse normalmente não é um momento para pedir ajuda a ele. É melhor usar essa forma de contato para agradecer a Gabriel pela ajuda em todos os aspectos de sua vida.

Magia do brejo

Quando menino, vivia perto de um laguinho. Eu costumava brincar ali com outras crianças do local. Uma das brincadeiras consistia em fazer uma pergunta que pudesse ser respondida com "sim" ou "não". Atirávamos então um pedregulho no lago e contávamos o número de anéis criados pela pedra. Uma resposta ímpar era "sim" e se fosse par indicava "não".

Nós, meninos, estávamos mais interessados em apanhar "barqueiros", insetinhos que corriam na superfície da água, mas as meninas pareciam ter mais respeito pela sacralidade do local. Uma das mais velhas trazia um pires de leite, que deixava para os deuses da água. Embora na época não fizesse ideia do porquê, aceitei que ela sabia o que fazia. O fato de o leite sempre desaparecer nos convenceu da realidade dos deuses da água.

Pequenos poços de água, como brejos ou laguinhos, são instrumentos efetivos de divinação. Particularmente, gosto de fazê-lo perto da Lua cheia. Sente-se ou deite-se e olhe o reflexo da Lua na superfície da água. Relaxe e perceba os pensamentos e visões que vêm a você.

Meditação na água

Gabriel pode ajudar sempre que você se sentir no escuro ou estiver com medo de se arriscar. Esse exercício pode ser feito em qualquer lugar e hora. Gosto de fazê-lo ao lado de um lugar com água, se possível, mas isso não é necessário. Ele pode ser realizado na cama, antes de dormir.

Deite-se confortavelmente e relaxe conscientemente o corpo tanto quanto possível. Visualize a si mesmo deitado ao lado de um belo lago. Pode ser uma cena lacustre com a qual esteja acostumado ou algo imaginário. Eu penso em um lago nas montanhas que visitava quando era criança. Visualize os arredores e ouça os delicados sons da água.

Em sua imaginação, peça a Gabriel que se junte a você. Como essa cena está sendo imaginada, pense nele atravessando o lago para vir ao seu encontro. Ele também pode descer das nuvens ou aparecer de repente.

Visualize vocês dois sorrindo um para o outro e depois passeie de mãos dadas com Gabriel em torno do lago. Sinta a grama macia sob os pés e o cheiro picante e fresco do ar.

Por algum tempo, fale com Gabriel sobre assuntos sem importância. Ele lhe perguntará então o que você tem em mente. Imagine-se respondendo, explicando o que o preocupa. Perceba o quanto você se sente melhor por contar toda a história a Gabriel.

Gabriel sorri e começa a lhe dar conselhos valiosos. Balance a cabeça em assentimento de vez em quando. Depois, faça mais algumas perguntas a ele, que certamente responderá de boa vontade. Nesse momento, vocês param de andar e estão em uma pequena praia ao lado do lago. Gabriel apanha um pedregulho e o faz deslizar sobre a água. Ele dá vários pulinhos antes de afundar. Você ri e também apanha um pedregulho. Por alguns minutos vocês esquecem os problemas e brincam de atirar pedrinhas no lago.

Vocês param de atirar pedras ao mesmo tempo. Olhe nos olhos de Gabriel e agradeça-lhe por seu conselho e apoio. Ele perguntará se você entendeu tudo o que ele disse. Diga que sim e que vai agir de acordo. Ele aperta a sua mão e desaparece.

Sente-se perto da beira da água e pense sobre os conselhos de Gabriel. Quando se sentir pronto, abra os olhos e alongue-se.

Alguns de meus alunos achavam que todo esse exercício era imaginário. Perguntei-lhes sobre os conselhos que receberam de Gabriel. "Foram bons conselhos?", perguntei. "Foram relevantes para o que estava acontecendo em sua vida?". Eles todos responderam "sim". "Nesse caso", continuei, "o que importa se o exercício foi real ou imaginário?"

É possível que você sinta a mesma coisa que meus alunos. Desde que os conselhos recebidos sejam bons, obviamente não faz diferença a experiência ter sido ou não real. Porém, após realizá-la algumas vezes, tenho certeza de que, como meus alunos, você passará a acreditar que é um encontro real com Gabriel e começará a repeti-la com mais frequência.

Magia da xícara

Para fins mágicos, pode-se usar qualquer xícara de chá, mas é melhor ter uma especial separada, para uso em magia.

Encha uma tigela grande com água e mergulhe a xícara nela. A xícara ficará, obviamente, cheia de água. Mantendo-a na tigela, vire-a de cabeça para baixo. Embora ainda esteja cheia de água, você simbolicamente a esvaziou. Erga-a da tigela ainda emborcada. Isso faz com que a água saia, mas ela se enche de ar. Vire-a para cima e sopre ar na xícara. Ao fazê-lo, tenha pensamentos bons a respeito de sua xícara especial. Isso carrega a xícara com sua essência.

Depois disso, a xícara pode ser usada para várias finalidades. Se você precisar de mais entusiasmo, vitalidade e energia, encha a xícara com luz direta do sol e "beba-a". Se quiser amor em sua vida, ou ser mais intuitivo, encha a xícara de luar e beba.

Se quiser mudar sua vida em qualquer aspecto, a xícara pode ajudar. Sopre nela os maus hábitos ou qualquer outra coisa que queira eliminar de sua vida e vire-a de cabeça para baixo sobre um depósito de lixo ou lixeira. Em seguida, vire a xícara novamente para cima e sopre amor e agradecimento nela.

A xícara também pode ser usada para fazer uma bênção especial a Gabriel. Comece enchendo-a de água. Segure-a nas mãos em concha enquanto agradece a Gabriel por todas as bênçãos que ele trouxe para a sua vida. Encha a xícara de amor. Derrame então a água sobre alguma planta viva. Eu normalmente rego meus vasos de plantas dessa forma. Essa água abençoada e consagrada fará maravilhas por suas plantas, já que elas naturalmente respondem aos seus pensamentos, que agora estarão misturados à água.

Após algum tempo de uso da xícara, ela poderá servir para ver Gabriel. Encha a xícara com água. Olhe a água até sentir-se totalmente relaxado. Pense em alguém que tenha uma influência fundamental e positiva em sua vida. O ideal é que seja alguém em quem você não pense há muitos anos. Em meu caso, penso na senhorita Smallfield, minha professora quando eu tinha 8 anos. Continue olhando para a água até ver um quadro claro do rosto daquela pessoa na tigela. Ao vê-la claramente na água, diga "obrigado" em voz alta. Isso é para agradecer àquela pessoa por algo que ela fez. A seguir, pense em alguém que você tenha amado profundamente. Pode ser um primeiro amor ou talvez um dos pais ou outro parente. Novamente, é bom que seja alguém sobre quem você não pensa há muito tempo. Espere até ver o rosto dessa pessoa na água. É importante que agradeça novamente. Mesmo se o relacionamento houver terminado mal, o amor deve ter estado presente em algum momento, já que, de outra forma, você não teria escolhido aquela pessoa. Por fim, pense em Gabriel. Espere pacientemente até ver o rosto dele na água. Assim que o vir, diga-lhe o que desejar. Ao término da comunicação, agradeça-lhe e beije a xícara. A água estará três vezes abençoada e ajudará qualquer planta a que você a oferecer.

Sempre que acabar de trabalhar com sua xícara, encha-a de amor e beije-a antes de guardá-la até a próxima vez.

Água de Gabriel

Também é possível beber água que tenha sido abençoada por Gabriel. Você descobrirá que o sabor dela é diferente do gosto da água comum.

Basta encher um copo com água comum e deixá-lo sob os raios da Lua por pelo menos uma hora. Em seguida, segure o copo com ambas as mãos na altura dos ombros, encarando a Lua. Agradeça a Gabriel por todos os seus esforços por sua causa e beba a água. Você verá que a água é fresca, refrescante, energizante e salutar. Ela também enviará a energia de Gabriel a todas as células de seu corpo.

A água de Gabriel também pode ser usada na hora da Lua cheia por casais que desejam um bebê. É melhor realizar este ritual ao ar livre, se possível. Ele também pode ser feito dentro de casa, desde que se possa ver a Lua cheia no lugar em que o trabalho ocorrerá. Acenda uma vela prateada e deixe que os raios da Lua a banhem. Encha um copo ou taça de água potável e coloque-o diante da vela. Olhe para a Lua, evoque Gabriel e diga-lhe o quanto você adoraria ter um bebê. Imagine-se embalando um bebê adormecido e permita que seus sentimentos de amor e ternura envolvam você. Agradeça a Gabriel por seu amor e fale novamente de seu desejo de ter um filho. Ao se sentir pronta, apague a vela no copo com água e beba a água de um só gole. Esse ritual deve ser realizado durante nove luas cheias sucessivamente. Usa-se a mesma vela todas as vezes e, na última Lua cheia, o pavio deve queimar até o fim. O ritual precisa ser realizado exatamente do mesmo modo todas as vezes. É importante não permitir que sentimentos de desesperança ou desânimo penetrem em seus pensamentos. Permaneça positivo e permita que Gabriel trabalhe para seu bem. É evidente que, se você engravidar durante esse período de nove meses, poderá parar com o ritual.

Algumas pessoas gostam de colocar um cristal no copo d'água antes de energizá-lo no brilho da Lua. A pedra-da-lua é ideal para essa função, mas qualquer cristal que simbolize Gabriel também serve. No próximo capítulo falaremos de cristais e pedras preciosas adequados.

Capítulo Oito

Gabriel e os Cristais

Cristais e pedras preciosas sempre foram considerados objetos valiosos. Os povos antigos maravilhavam-se com a beleza dessas pedras e acreditavam que elas eram a fonte do poder curativo e nutriz da Mãe Terra. Pedras preciosas foram encontradas em locais de enterramento pré-históricos em muitas partes do mundo.

Muitas pessoas acreditam que as pedras preciosas tenham sido usadas primeiro como amuletos, antes de se tornarem itens de adorno. Qualquer que tenha sido a motivação original, cristais e pedras preciosas são tão procurados atualmente quanto sempre foram.

Era natural que certas pedras fossem usadas como amuletos. Além de seu brilho e cor, as formas em que apareciam tinham um efeito imediato sobre os antigos. A estaurolita, por exemplo, contém cristais gêmeos que formam uma cruz. Em muitos casos, espécimes de estaurolita são tão perfeitos que se pode jurar que algum lapidador fez o serviço. São frequentemente vendidas como "pedra das fadas" ou "pedra gêmea".

A cor também representava um papel importante. Não é de se surpreender que pedras vermelhas fizessem pensar em sangue ou que pedras azuis tivessem uma ligação com água ou com o céu. Em dada época, pedras vermelhas chegaram a ser usadas para interromper hemorragias.

A energia que certas pedras têm foi percebida há muito tempo. Os antigos romanos eram fascinados pelos poderes magnéticos da magnetita e especularam que as outras pedras também emitiam poder e energia. Alexandre, o Grande, dava magnetitas aos soldados, acreditando que protegeria seus homens da dor, assim como dos maus espíritos.[50]

Teofrasto (c. 327-287 a.C.) escreveu o primeiro livro específico sobre pedras preciosas. Infelizmente, apenas um fragmento desse trabalho, intitulado *Peri Lithon* (Sobre Pedras), sobreviveu. Plínio, o Velho (23-79 d.C.) escreveu uma obra de 37 volumes chamada *Historia Naturalis*, que trazia uma grande quantidade de informações sobre cristais e pedras preciosas. Desde sua primeira publicação, em 77 d.C., ela teve mais de 250 edições em muitas línguas. Plínio é considerado como a primeira pessoa a classificar as pedras por cor e outras características.

Os cristais sempre foram considerados um modo eficaz de obter contato com o reino angelical. Qualquer cristal azul ou branco que você ache atraente e bonito funcionará bem. Tradicionalmente, usa-se o lápis-lazúli para conseguir uma conexão estreita com Gabriel. Porém, muitas pessoas usam essa pedra para entrar em contato com Miguel. Isso mostra que qualquer pedra de sua preferência serve para falar com os arcanjos. O quartzo cristalino também pode ser usado para fazer contato com qualquer membro dos reinos angelicais.

As pedras preciosas podem ser usadas de diversos modos para ajudar a obter contato com Gabriel. Usá-las ou levá-las como amuleto assegura que Gabriel estará perto de você todo o tempo. Você pode dormir com a pedra sob o travesseiro. Quando necessário, é fácil tocar a pedra para conseguir contato instantâneo.

Lápis-lazúli

O lápis-lazúli é composto de lazurita, pirita e calcita. A lazurita dá a cor azul profundo, enquanto a pirita acrescenta os belos salpicos dourados. Por causa de sua beleza, não é de se surpreender que valesse tanto quanto o ouro na Antiguidade. O lápis-lazúli era

---

50. George Frederick Kunz, *The Curious Lore of Precious Stones* (Philadelphia, PA: J. B. Lippincott Company, 1913), p. 96 (republicado por Dover Publications, New York, NY, 1971).

considerado a pedra ideal para ser usada pela realeza. Uma das descrições de Innini, uma deusa babilônica, diz que ela usava broches de lápis-lazúli e outros adornos, incluindo um colar com grandes pedras de lápis-lazúli.[51] Os sumérios acreditavam que quem levasse lápis-lazúli como amuleto estaria, de fato, carregando um deus.[52] Os antigos egípcios faziam amuletos dessa pedra com a forma de olho. Ele estava inscrito no 140º capítulo do *Livro dos Mortos* e era considerado um amuleto de enorme poder.[53] O presidente do Supremo Tribunal também usava, em torno do pescoço, uma imagem de Ma'at (a Deusa da Verdade) feita de lápis-lazúli.

Na Idade Média, o lápis-lazúli era considerado como uma cura para a depressão. Chevalier John de Mandeville escreve que ele prevenia contra a concepção se usado por homem ou mulher. Era também convertido em pó e transformado em uma tinta caríssima, mas altamente desejada: o ultramarino.*

Junto com a safira e outras pedras azuis, acreditava-se que o lápis-lazúli afastava as forças negativas dos espíritos da escuridão e auxiliava nas intervenções dos espíritos de luz.

O lápis-lazúli pode ser usado para ajudar a desenvolver a intuição, melhorar a clareza do pensamento, encorajar a purificação e lembrar dos sonhos. Basta, para isso, usar ou trazer consigo essa pedra. Dessa forma, você também tem a possibilidade de tocá-la sempre que precisar de ajuda imediata ou proteção de Gabriel. Pode-se usar o lápis-lazúli para aperfeiçoar quaisquer rituais que envolvam Gabriel.

---

51. John Arnott MacCulloch (editor), *The Mythology of All Races*, vol. 5 (New York, NY: Cooper Square Publishers, Inc., 1964), p. 327.
52. Bruce G. Knuth, *Gems in Myth, Legend and Lore* (Thornton, CO: Jewelers Press, 1999), p. 114.
53. Kunz, *The Curious Lore of Precious Stones*, p. 229.
* N. T.: Na Renascença, o valor de um quadro — e a riqueza do mecenas que pagava por ele — podia ser avaliado diretamente com base na quantidade de ouro e ultramarino usada para pintá-lo. O ultramarino era reservado principalmente ao manto das madonas.

Água-marinha

Até 1609, a água-marinha era conhecida como berilo azul-esverdeado. Recebeu pela primeira vez o nome de água-marinha em *Gemmarum et Lapidum Historia* de Anselmus de Boodt.[54] A água-marinha sempre foi considerada a pedra da clareza. Se você precisar da ajuda de Gabriel nessa área, essa é a pedra perfeita para usar ou levar.

Topázio azul

O topázio era usado na Antiguidade para afastar o mau-olhado. Algumas vezes, era atado ao braço esquerdo para proteger seus proprietários de maldições. No sécúlo XIII, o médico hindu Naharare recomendava o topázio como remédio contra a flatulência. Ele também dizia que qualquer homem que o usasse seria inteligente, belo e teria uma longa vida.[55]

O topázio azul traz orientação e inspiração. Ele ajuda a transformar padrões de pensamento indesejados e a libertar emocionalmente.

Turmalina azul

A turmalina azul é rara e será preciso procurar com afinco para encontrá-la. Tradicionalmente, ela elimina a negatividade e ajuda a realizar os objetivos.

---

54. Anselmus de Boodt, *Gemmarum et Lapidum Historia* (Hanau: Wechel, 1609). Anselmus de Boodt (1550-1632) era médico de Rodolfo II de Praga e é mais conhecido atualmente por suas aquarelas. Seu livro sobre pedras preciosas foi o trabalho mais avançado a respeito do assunto na época. Também era extremamente popular, tendo sido reimpresso três vezes no ano de sua publicação. De Boodt era curador da coleção de minerais de Rodolfo e também coletou espécimes na Alemanha, Silésia e Boêmia. (www.serendipitybooks.com/jahnfull.pdf, p. 14).
55. George Frederick Kunz, *The Magic of Jewels and Charms* (Philadelphia, PA: J. B. Lippincott Company, 1915), p. 158.

Calcedônia

A calcedônia varia em cor, sendo encontrada em branco, cinza e azul. Se a pedra for dedicada a Gabriel, dê preferência à branca e à azul. Comumente, chama-se a calcedônia de pedra do orador, pois se acredita que melhora a voz e aumenta a confiança na hora de falar e pensar quando se está em pé. Tradicionalmente, a calcedônia aumenta a serenidade, a paz da mente e a generosidade. É uma boa pedra para trazer consigo quando se busca a purificação por uma experiência negativa do passado.

Quartzo branco

O quartzo branco é transparente e não é nada fácil de se achar. Normalmente é mais caro que os outros quartzos. Aumenta a intuição, a visão e a inspiração. Também traz energia e elimina dúvidas e temores.

Quartzo neve

Essa é uma pedra de um branco leitoso que vem do Brasil. Traz paz, harmonia e compaixão. Também ajuda a atrair amor e perdão.

Pedra-da-lua

A pedra-da-lua é atraente para muitas pessoas por causa de sua íntima relação com os reinos psíquico e espiritual. Isso a torna uma boa escolha se você for procurar Gabriel para que ele o ajude a desenvolver suas capacidades psíquicas ou se estiver buscando visões de orientação angelical. A pedra-da-lua está disponível em diversos tons. A branca é a melhor escolha para trabalhar com Gabriel.

Pérola

A pérola gozou de alta consideração por toda a história. Considera-se que simboliza a fé, a caridade, a serenidade, a pureza, a inocência e a bondade. Plínio, o Velho, escreve que as pérolas eram formadas de "orvalho do céu" que caía no mar e era apanhado pelas ostras. A qualidade das pérolas variava, dependendo da qualidade do orvalho e das condições climáticas no momento em que caía no mar. O orvalho puro naturalmente criava pérolas perfeitas. Porém, condições nubladas faziam com que as pérolas ficassem sem cor e opacas. A trovoada fazia com que as ostras deixassem cair e perdessem a pérola.[56]

Pérolas eram consideradas tão valiosas nos tempos egípcios que Cleópatra fez um brinde a Marco Antônio com uma bebida que continha uma pérola dissolvida. Conta-se que a pérola era mais valiosa que todo o resto do festim somado e que a intenção era fazer com que Marco Antônio compreendesse a incrível riqueza do Egito.

Em consequência de sua associação com a pureza, as pérolas são a pedra ideal quando se busca a purificação. Como uma vantagem extra, acredita-se que elas avisam contra o desastre iminente.

Safira

Acredita-se que os dez mandamentos foram escritos em grandes tábuas de safira. Certamente, a safira foi considerada pedra sagrada por milhares de anos. No século II a.C., Damigeron, o historiador grego, escreveu que os reis usavam safiras em volta do pescoço para proteção; continua dizendo que a safira evitava a inveja e tornava as pessoas agradáveis a Deus.[57] A Igreja Católica Romana acredita que a safira promove a castidade e afasta os maus pensamentos. É por isso que os bispos usam anéis de safira.

---

56. William Jones, *History and Mistery of Precious Stones* (London, UK: Richard Bentley and Son Limited, 1880), p. 114.
57. Damigeron, *De Virtutibus Lapidum: The Virtues of Stones*, trad. Patricia P. Tahil (Seattle, WA: Ars Obscura, 1989), p. 24.

A safira é uma boa pedra para usar se você precisar de purificação ou de tempo para pensar. Acredita-se que é restauradora da mente, corpo e alma, capacitando quem a usa a atingir a paz interior. Não é de se espantar que seja, por vezes, chamada de pedra filosofal.

Selenita

A selenita é considerada uma das mais poderosas pedras curativas. Funciona bem com Gabriel e pode ser usada para ajudar a eliminar sentimentos de culpa e deixar o passado para trás. Ela também acalma as emoções e ajuda a clarear os pensamentos.

Tanzanita

A tanzanita era desconhecida até 1967, quando foi descoberta no norte da Tanzânia.[58] Rapidamente, tornou-se popular graças à sua cor azul profundo, o fato de ser mais barata que a safira e por mudar de cor conforme a posição. Essas cores vão de azul a rosa, passando pelo roxo. A tanzanita é um bom cristal para trazer consigo quando se busca orientação de Gabriel. Ela também equilibra o corpo, a mente e o espírito.

Turquesa

A turquesa era valorizada e estimada pelos babilônicos, egípcios, astecas, maias e incas. Os persas consideravam-na sua pedra nacional e tinham mesmo um ditado a respeito: "Para evitar o mal e conseguir boa fortuna é preciso ver o reflexo da Lua nova na face de um amigo, em uma cópia do Corão ou em uma turquesa".[59]

---

58. Cornelia M. Parkinson, *Gem Magic* (New York, NY: Fawcett Columbine, 1988), p. 244.
59. Thomas H. Hendley, *Indian Jewelry* (Nova Délhi: Sagar Publications,1962), p. 158 (originalmente publicado em London, 1909).

Purificando seu cristal

Todos os cristais dedicados a Gabriel precisam ser limpos periodicamente. É importante que sejam cuidadosamente purificados assim que possível, após a compra. Um bom modo de fazê-lo é colocá-los em um recipiente de água salgada por uma noite. O sal quebra a energia armazenada no cristal e a água limpa absorve essas energias.

Cristais dedicados a Gabriel não precisam ser purificados com muita frequência. Pode-se fazer isso passando-os pela chama de uma vela, colocando-os de um dia para o outro em água salgada ou enterrando-os no solo por 24 horas. Eles também podem ser limpos com orações. Se você estiver com pressa, basta segurar o cristal sob água corrente por um minuto ou dois.

É simples energizar seu cristal. Sente-se confortavelmente com a pedra escolhida entre o polegar e o indicador de sua mão não dominante. Se você for destro, será a mão esquerda; se for canhoto, a mão direita. Sopre no cristal para remover quaisquer energias negativas. Gire bem o cristal para ter certeza de soprar nele todo. Descanse as costas da mão segurando o cristal na palma da outra mão e erga as duas até a altura do peito.

Feche os olhos e peça a Gabriel que se junte a você. Quando sentir a presença dele, peça-lhe para energizar o cristal. Você provavelmente terá uma sensação de formigamento na palma da mão conforme o cristal esteja sendo energizado. Algumas pessoas sentem um frescor repentino na mão. Logo que o cristal tenha sido totalmente energizado, feche os dedos sobre ele e agradeça a Gabriel por fazer isso por você. Converse à vontade com Gabriel, agradeça novamente e diga até logo. O cristal estará energizado e preenchido com a energia curativa de Gabriel.

Seus cristais podem ser lavados a qualquer hora, mantendo-os sob água corrente por cerca de cinco minutos. Isso não afeta o poder energizante trazido por Gabriel.

Se você quiser energizar seu cristal com energia masculina, carregue-o com a luz do sol. Da mesma maneira, se desejar energia feminina, banhe-o na luz da Lua.

Lembre-se de que os cristais absorvem seus pensamentos e sentimentos. Seja tão positivo e otimista quanto possível quando estiver em presença deles. Purifique os cristais a qualquer momento em que sentir que foram expostos à energia negativa.

Meditação com cristais

Depois de encontrar o cristal adequado, você poderá usá-lo de muitos modos. É possível ter diversos cristais para finalidades diferentes. Não há por que se limitar. Sempre compro cristais que me atraem. Porém, os cristais dedicados a Gabriel devem ser guardados, separados de outros cristais que você possua. Depois de limpá-los e carregá-los, eu os disponho em um lugar em que possam irradiar luz e energia ou, alternativamente, guardo-os envolvidos em seda. Obviamente, os cristais que ficam descobertos precisam ser espanados com regularidade. Além disso, nunca permito que alguém mexa nos meus cristais de Gabriel. Tenho uma porção de cristais que as pessoas podem tocar, mas prefiro não deixar que vibrações alheias afetem os que dediquei a Gabriel.

Seu cristal responderá ao uso regular. Assim que escolher o cristal certo para si, leve-o, segure-o, esfregue-o e mexa nele sempre que possível. De quando em quando, ao fazer isso, você terá inspiração súbita em assuntos que estão presentes em sua vida. Serão mensagens de Gabriel.

Uma meditação com cristais com Gabriel é algo muito revitalizador, para ser realizado com frequência. Há nove etapas nessa meditação.

1. Escolha uma hora e lugar em que você não vá ser perturbado. Um local sagrado ao lado de seu altar é perfeito, mas pode ser qualquer outro em que seja possível afastar-se do mundo exterior.
2. Sente-se em silêncio, com o cristal na mão esquerda. Feche os olhos e peça ajuda, orientação e proteção a Gabriel.
3. Relaxe tanto quanto possível. Isso pode ser feito de diversos modos. Pode-se relaxar conscientemente todos os músculos de seu corpo, começando com os pés e subindo. Também pode-se tensionar e relaxar diferentes grupos musculares até o relaxamento ser completo. Se fizer isso, comece relaxando os músculos em volta dos olhos. Na maioria das vezes, descubro que basta fazer isso. Relaxados esses músculos, todo o resto parece relaxar automaticamente.

4. Imagine a si mesmo totalmente rodeado por um círculo de luz branca que traz proteção e uma energia ainda mais relaxante. Eu visualizo essa luz branca descendo dos céus e envolvendo-me em sua luz curativa e protetora.
5. Concentre-se mentalmente no cristal em sua mão esquerda. Visualize uma corrente de luz azul ligando o cristal ao seu terceiro olho (a área logo acima de seus olhos, entre as sobrancelhas).
6. Peça a Gabriel que se junte a você. Ao sentir a presença dele, peça-lhe para carregar o cristal com energia divina. Deixe que ele segure o cristal, se quiser. Discuta seus problemas e dificuldades com ele. Ouça as respostas com atenção; elas virão como pensamentos à sua mente.
7. Ao se sentir pronto, agradeça a Gabriel por cuidar constantemente de você e pela diferença que ele faz em sua vida. Erga bem o cristal e diga até logo.
8. Quando Gabriel tiver ido embora, fique sentado em silêncio por alguns minutos. Diferentes pensamentos surgirão em sua mente. Pense neles. Quando estiver pronto, respire profundamente três vezes, bem devagar, e abra os olhos.
9. Avalie, por um ou dois minutos, tudo o que aconteceu antes de continuar seu dia. É uma boa ideia anotar o que puder lembrar enquanto a experiência ainda estiver fresca em sua mente. Diferentes pensamentos que pareçam insignificantes no momento podem ter muito mais relevância mais tarde. Registre tudo o que for possível.

Como o cristal de Gabriel pode capacitar você a realizar seus desejos

Naturalmente, Gabriel quer que você tenha uma vida plena e feliz. Isso provavelmente não acontecerá se estiver constantemente desejando coisas que estão fora de seu alcance. Felizmente, Gabriel, por meio de seu cristal, pode ajudá-lo a atingir esses objetivos.

Segure seu cristal por alguns minutos enquanto deixa bem claro em sua mente que desejo quer realizar. Quando ele estiver bem claro, segure seu cristal junto ao terceiro olho, a área entre as sobrancelhas. Ali fica seu sexto chacra. Discutiremos isso no próximo capítulo.

Pense sobre seu desejo. Feche os olhos e visualize-o tão claramente quanto possível. Nos olhos de sua mente, veja a si mesmo como se já tivesse atingido o objetivo. Se, por exemplo, você quiser comprar um carro novo, imagine-se indo até a concessionária e pegando o carro para um *test drive*. Imagine-se voltando e pagando pelo carro. Finalmente, imagine-se dirigindo para casa. Sinta isso de tantos modos quanto possível. Sinta o cheiro e a maciez do estofamento novo. Ouça o ronco suave do motor. Um amigo meu comprou um novo carro há pouco tempo. Quando lhe perguntei por que havia adquirido aquele carro em particular, ele disse: "Porque ele me faz sentir bem". Permita a si mesmo sentir-se bem ao dirigir para casa seu carro novo.

Por fim, agradeça a Gabriel por possibilitar que você atingisse seus objetivos. Permita-se experimentar brevemente todos esses sentimentos sempre que mexer naquela pedra em particular. Lembre-se de agradecer a Gabriel toda vez que fizer o exercício, especialmente quando sua meta houver sido atingida.

Usando seu cristal para purificação

As energias armazenadas em seu cristal podem ajudá-lo a purificar-se, liberar qualquer negatividade do passado e atingir a paz da mente. Um fato notável a respeito de um cristal dedicado a Gabriel é que a maioria dessas coisas começará a acontecer automaticamente se seu cristal estiver com você todo o tempo. Diferentes assuntos virão à superfície de sua mente, mas não mais terão o poder que costumavam ter. Você conseguirá analisá-los calmamente e dispensá-los, pois não mais os quer em sua vida.

Também existe um exercício simples que ajuda a acelerar o processo. Embora ele possa ser feito em apenas dez minutos, é melhor reservar para ele ao menos uma hora, já que é impossível determinar quais assuntos surgirão durante sua realização.

Deite-se em algum lugar em que não o perturbarão e coloque seu cristal sobre o coração. A extremidade lapidada (pontua) deve ficar virada para seu queixo. Relaxe e tenha pensamentos agradáveis. Depois de um ou dois minutos, você descobrirá que uma variedade de ferimentos não resolvidos e traumas irão aflorar. Isso o emocionará; dê livre curso a essas emoções. Chore, grite, chute a parede e faça todo o necessário para eliminar essas emoções. Você verá que elas desaparecerão tão rapidamente quanto começaram.

Não se levante muito rápido depois disso. Permita que todas as mágoas e tristezas que tiverem aflorado sejam expulsas. Fale em voz alta algo como "expulso agora toda a negatividade que estava dentro de mim. Estou purificado em mente, corpo e espírito. Obrigado, Gabriel, por limpar minha mente, corpo e espírito de (o que quer que seja). Amo a mim mesmo. Aceito a mim mesmo incondicionalmente. Sou um ser humano perfeito".

Pense sobre o que aconteceu e agradeça a Gabriel por lhe permitir estar novamente purificado e pleno. Quando se sentir pronto, levante-se e continue seu dia. Você provavelmente se sentirá mais leve, mais livre e muito mais feliz do que estava antes de realizar o exercício. Segure o cristal nas mãos em concha, agradeça a ele e permita que suas mãos, e todo o seu corpo, embebam-se da energia de Gabriel.

Alguns de meus alunos não tiveram sucesso na primeira tentativa com esse exercício. Fiquei surpreso ao sabê-lo, já que alguns deles precisavam de purificação após ataque sexual e roubo. Pensando nisso, descobri que a resposta era óbvia. Essas pessoas estavam, em seu subconsciente, agarrando-se à mágoa e à dor. Se essa situação aplicar-se a você, realize o exercício regularmente até conseguir o alívio. Seu cristal, cheio do amor e da energia de Gabriel, assegura que essa purificação ocorra, mesmo se levar mais tempo do que você conscientemente possa desejar.

Dois dos exercícios neste capítulo envolveram os chacras. Veremos como Gabriel pode ajudar com os chacras no próximo capítulo.

Capítulo Nove

Gabriel e os Chacras

O corpo humano é uma complexa rede de energia. Dentro da aura, ao longo da coluna espinhal, há sete centros de energia, ou baterias, conhecidos como chacras. Eles representam papel vital no funcionamento correto de cada uma das partes do corpo e são influenciados pelos pensamentos e sentimentos. Quando estão equilibrados e funcionando de forma eficiente, a vida é suave e sentimos felicidade, contentamento e boa saúde. Quando um ou mais chacras estão desequilibrados ou bloqueados, o corpo deixa de funcionar direito e temos mal-estares mentais ou físicos.

Embora a existência dos chacras não possa ser fisicamente provada, eles podem ser vistos por clarividentes como círculos rodopiantes de energia. De fato, a palavra "chacra" vem do sânscrito "roda". Embora a maioria das pessoas não consiga vê-los, é bem simples demonstrar sua existência. Se, por exemplo, você for incapaz de expressar algo, sentirá um nó na garganta. O chacra da garganta fica ali e está ligado à comunicação. Quando experimenta um momento de puro amor, sentirá isso na região do coração. Naturalmente, o chacra do coração está ligado ao amor. As palavras-chave para cada chacra são dadas abaixo. Experimente dizê-las para si mesmo e veja se sente a resposta de seu corpo.

Eis os sete chacras:

Chacra raiz

Cor: Vermelho
Palavras-chave: Eu tenho
Arcanjo: Sandalfon
Elemento: Terra

O chacra raiz é, por vezes, chamado chacra básico. Situa-se na base da espinha e mantém-nos enraizados. O chacra raiz está ligado à segurança e à sobrevivência. Uma vez que cuidemos das necessidades de sobrevivência, podemos nos preocupar com outros aspectos de nossa vida.

Chacra sacro

Cor: Laranja
Palavras-chave: Eu quero, eu sinto, eu desejo
Arcanjos: Gabriel, Samuel
Elemento: Água

O chacra sacro situa-se entre o umbigo e os genitais. Relaciona-se à sexualidade, às emoções, ao prazer e à criatividade. Quando está bloqueado, a pessoa provavelmente será luxuriosa, raivosa, gananciosa e exageradamente emocional. Como esse chacra está relacionado ao elemento água, algumas pessoas com o chacra sacro bloqueado choram com facilidade.

Chacra do plexo solar

Cor: Amarelo
Palavras-chave: Eu posso, eu quero
Arcanjos: Uriel, Miguel, Jofiel
Elemento: Fogo

O chacra do plexo solar situa-se ligeiramente acima do umbigo. Tem a ver com confiança, coragem, poder e energia física. Quando ficamos nervosos, perdemos poder ou controle e sentimos um nó no estômago.

Chacra do coração

Cor: Verde e rosa
Palavras-chave: Eu amo
Arcanjos: Rafael, Samuel
Elemento: Ar

O chacra do coração localiza-se no centro do peito, na região do coração. Está ligado ao amor, à cura e à compaixão. É comum que esse chacra esteja bloqueado. Se alguém sofrer uma perda e não superar o processo de luto, isso prejudicará este chacra. Qualquer trauma emocional pode bloquear esse chacra.

Chacra da garganta

Cor: Azul
Palavras-chave: Eu falo
Arcanjo: Miguel
Elemento: Som

O chacra da garganta está localizado no centro dela. Está relacionado à criatividade e à comunicação, especialmente a verbal. Ficamos envergonhados e pouco comunicativos quando esse chacra está bloqueado. Inversamente, falamos demais e esquecemos de ouvir quando ele está demasiadamente aberto.

Chacra da sobrancelha

Cor: Índigo
Palavras-chave: Eu vejo
Arcanjos: Gabriel, Jofiel
Elemento: Luz

O chacra da sobrancelha situa-se entre elas. Algumas vezes é conhecido como o chacra do terceiro olho e está ligado à percepção intuitiva e psíquica. Também está ligado à sabedoria, a memória, à consciência elevada, sonhos e visões.

Chacra da coroa

Cor: Violeta
Palavras-chave: Eu sei
Arcanjo: Zadquiel
Elemento: Pensamento

O chacra da coroa fica no alto da cabeça. É nossa ligação com o divino. Relaciona-se à consciência, compreensão, aceitação e percepção. A informação entra por esse chacra e é distribuída por todos os outros para ter resultados.

Muitas pessoas, inconscientemente, concentram-se em um ou dois chacras em detrimento dos outros. Alguém concentrado no segundo e no terceiro chacras (sexualidade e energia física) preocupa-se principalmente com poder, dominação e conquista sexual. Essa pessoa terá um desejo desesperado de vencer o tempo todo.

Se ela for concentrada no chacra raiz, se preocupará unicamente com sua sobrevivência. Pensará apenas em alimento, abrigo e outras necessidades básicas. Já alguém concentrado no chacra sacro se preocupa mais com recompensas sensoriais e buscará comida, sexo, posses e riquezas. Seu objetivo maior é satisfazer as necessidades emocionais. Uma pessoa concentrada no chacra do plexo solar será agressiva e emocional. Terá pequeno ou nenhum interesse em temas espirituais ou assuntos mais elevados em geral.

As qualidades tornam-se mais atraentes em pessoas concentradas em um dos chacras mais elevados. Alguém com o chacra do coração mais desenvolvido aceitará e concederá amor incondicional para todos. Uma pessoa concentrada no chacra da garganta será altamente expressiva e falará a sua verdade. Quem se concentra mais no chacra da sobrancelha será um clarividente ou visionário intuitivo. Será sábio e possuirá uma percepção significativa. Uma pessoa concentrada no chacra da coroa será altamente espiritual.

Você, provavelmente, lembra-se de várias pessoas concentradas nos chacras inferiores, especialmente os dois de baixo, mas pode ser difícil pensar em alguém que esteja apenas preocupado com um dos chacras superiores. Para se ter uma vida boa e saudável, queremos naturalmente que a mesma atenção seja dada a cada um dos chacras.

Equilíbrio dos chacras

Há muitos modos de equilibrar os chacras. Um método simples é com o uso de um pêndulo, pequeno peso amarrado a um fio ou corrente. Qualquer pesinho serve. Minha mãe usa a aliança dela e um fio curto. Pêndulos de radiestesia também podem ser encontrados em qualquer loja de esoterismo.

Após obter seu pêndulo, segure a extremidade do cordão entre o polegar e o indicador de sua mão dominante. Descanse o cotovelo sobre uma mesa e permita que o pêndulo fique a mais ou menos uns três centímetros da superfície. Balance propositalmente o pêndulo para a frente e para trás e depois de um lado para o outro. Finalmente, balance-o em círculos, tanto no sentido horário quanto no anti-horário. Dessa forma, você se acostuma com os quatro modos diferentes como o pêndulo pode responder.

Interrompa o movimento do pêndulo com a outra mão e pergunte em voz alta: "Qual movimento indica 'sim'?" Se você nunca fez experiências com pêndulos, talvez ele leve um ou dois minutos para começar a se mexer. Assim que adquirir mais experiência, o movimento será instantâneo. Depois de determinar a resposta positiva, pergunte: "Qual movimento indica 'não'?" A esta, seguem mais duas perguntas: "qual movimento indica 'eu não sei'?" e "Qual movimento significa 'não quero responder'?".

Depois de aprender o que cada movimento significa, você pode passar a fazer perguntas ao seu pêndulo sobre qualquer coisa que possa ser respondida por uma das quatro frases. Por exemplo, pode perguntar a seu pêndulo se você é menino. Se for, a resposta será "sim". Naturalmente, a resposta será "não" se não for. É uma boa ideia testar questões para as quais você já sabe a resposta, já que isso ajuda a aumentar sua confiança nas respostas dadas pelo pêndulo.

Quando se sentir pronto, pode começar a fazer perguntas sobre qualquer assunto. Se estiver usando o pêndulo para equilibrar seus chacras, pode começar perguntando: "Meu chacra raiz está equilibrado?". Anote as respostas enquanto pergunta sobre cada chacra. Digamos que você receba uma resposta positiva para todos os chacras, exceto um. Digamos que o chacra do plexo solar esteja desequilibrado. Sabendo disso, você já pode fazer algo a respeito. Pergunte ao pêndulo se o chacra está sendo pouco estimulado. Obviamente, se ele responder "não", o chacra estará superestimulado. Porém, é sempre bom pedir que o pêndulo confirme isso.

Você já sabe que a cor para esse chacra é amarelo. Se esse chacra estiver subestimulado, você precisa de mais amarelo em seu sistema. Pode conseguir isso usando algo amarelo, carregando um cristal amarelo, como citrino ou calcita, ou comendo e bebendo alimentos amarelos. Você também pode olhar para uma parede ou pintura que tenha bastante amarelo. Um bom método é fechar os olhos e visualizar a si mesmo respirando profundamente o amarelo. Imagine a energia amarela espalhando-se pelo corpo, especialmente na área do chacra de seu plexo solar. Segure cada inspiração por vários segundos e expire vagarosamente. Ao sentir que absorveu bastante energia amarela, normalmente após muitas respirações, volte a testar seus chacras. Continue a fazer isso até que o pêndulo dê uma leitura positiva.

Se esse chacra estiver superestimulado, você precisará realizar um exercício similar, mas dessa vez respirando a cor do chacra imediatamente acima do chacra que você precisa equilibrar. Neste exemplo, você respiraria energia verde.

Limpeza dos chacras

Este exercício altamente benéfico trará uma sensação de bem-estar, vitalidade, saúde radiante e contentamento.

Sente-se ou deite-se em silêncio e respire profundamente, bem devagar, diversas vezes. Quando se sentir pronto, respire profundamente e visualize o ar indo para a região de seu chacra raiz. Sinta-o limpando e preenchendo o chacra. Prenda a respiração por vários segundos e expire vagarosamente. Repita com todos os outros chacras.

Feito isso, você pode passar à fase seguinte. Visualize a si mesmo respirando energia pura e envie-a para seu chacra raiz. Volte a prender a respiração e expire vagarosamente. Volte a inspirar profundamente o vermelho e envie essa energia ao chacra raiz. Expire devagar.

Agora inspire duas vezes energia laranja e envie-a para seu chacra sacro. Repita com cada um dos outros chacras. Ao terminar o exercício, você terá absorvido nos chacras todas as cores do arco-íris.

Gabriel e o chacra sacro

Gabriel está envolvido com o chacra sacro em consequência de seu interesse na purificação. Se você tiver sofrido abuso sexual ou estiver constantemente cheio de pensamentos sexuais negativos, Gabriel pode ajudá-lo a harmonizar esse chacra. Da mesma maneira, se seu corpo estiver cheio de toxinas, Gabriel pode usar esse chacra para ajudar a eliminá-las. Como o chacra sacro está relacionado ao elemento água, essas toxinas podem estar em qualquer parte de seu corpo. Se você carrega muitos problemas que não são seus de direito, Gabriel pode usar esse chacra para ajudar a eliminá-los. Se tiver uma atitude ou ponto de vista negativo para com qualquer aspecto de sua vida, Gabriel pode estimular esse chacra para capacitá-lo a aproveitar a vida novamente.

Você precisa criar seu próprio ritual se quiser eliminar essas dificuldades. O que fizer cabe inteiramente a você, mas o aspecto mais importante é que se rodeie de energia laranja e tenha uma conversa com Gabriel. Pode começar com um banho de espuma laranja para se purificar fisicamente. Se não tiver como fazer isso, procure um sabonete laranja para se lavar. Vista-se de laranja para realizar este ritual (um amigo meu tem sete mantos, um de cada cor do arco-íris. Sempre que sente precisar de uma certa cor, ele veste o manto apropriado até sentir-se equilibrado novamente).

Use ao menos uma vela cor de laranja. Reúna alguns itens dessa cor e que lhe sejam atraentes. Você pode, se desejar, usar frutas e vegetais cor de laranja. Também podem ser aventais ou cachecóis, ou mesmo bijuterias.

Arranje esses itens em um círculo. Ele deve ser grande o bastante para que você possa se sentar ou deitar-se dentro dele. Coloque seu manto laranja, se tiver um. Se não, use roupas largas e confortáveis ou fique nu.

Acenda as velas, se as estiver usando. Coloque-as em castiçais seguros, pois seus olhos estarão fechados na maior parte do tempo.

Ache uma posição confortável no centro do círculo. Feche os olhos e pense na cor laranja. Veja quais associações lhe vêm à mente. Você pode sentir afabilidade, criatividade, confiança e outras palavras positivas. Porém, por causa de sua experiência, também pode ter pensamentos negativos a respeito dessa cor. Pode sentir pena de si mesmo e ficar cheio de pensamentos de autodesprezo e nojo. Esses sentimentos não são maus, já que este ritual tem a função de ajudá-lo a se livrar deles.

Quando as novas ideias pararem de aparecer, concentre-se em relaxar o corpo tanto quanto possível. Quando estiver totalmente relaxado, peça a Gabriel que se junte a você. Dê-lhe as boas-vindas ao sentir sua presença. Fale em voz alta, se possível. Explique o porquê de estar em um círculo laranja e diga-lhe o que deseja (as palavras-chave para o chacra sacro são "eu desejo"). É perfeitamente aceitável expressar suas emoções enquanto fala com Gabriel. Conte-lhe tudo o que aconteceu para que se sentisse assim. Pode ser difícil traduzir em palavras, mas Gabriel entenderá.

O próximo passo pode ser difícil. Você precisa perdoar todos os envolvidos naquilo que lhe aconteceu. Não pode continuar com sua vida até ter se livrado do passado. É por isso que essa etapa é tão importante. Se achar impossível fazê-lo, agradeça a Gabriel por sua ajuda e diga-lhe que repetirá o ritual em outro momento. Não faz diferença realizar o ritual uma ou 20 vezes. O importante é que você realmente se liberte da pesada carga sobre seus ombros. Mais um dia, semana ou mês não fará grande diferença no grande esquema das coisas.

Se realmente conseguir com sinceridade perdoar a todos, pode continuar o ritual.

Respire profundamente, concentrando-se em seu chacra raiz. Visualize a si mesmo enchendo-se de energia vermelha firmadora, regeneradora, revitalizante. Na segunda respiração, concentre-se em seu chacra sacro e imagine a si mesmo sendo carregado de energia laranja purificadora e sustentadora. Concentre-se em seu chacra do plexo solar enquanto respira profundamente pela terceira vez. Dessa vez, deixe-se preencher com a vivificante cor do sol. Na quarta respiração, concentre-se no chacra do coração e sinta-se encher de uma energia amável e curativa que é como um bálsamo para todo o seu corpo. Na quinta respiração, concentre-se no chacra da garganta enquanto se carrega da energia azul que o capacita a falar aberta e livremente a qualquer momento. Na respiração seguinte, concentre-se no chacra do terceiro olho e encha-se da energia anil da clarividência. Finalmente, concentre-se no chacra da coroa e respire pura energia violeta. Sinta que ama todas as coisas no Universo e que é amado igualmente por elas.

Finalmente, peça a Gabriel o perdão divino para si e todas as outras pessoas do planeta. Fique em silêncio por alguns minutos, percebendo que você vive na luz e que seus *eus* espiritual e físico são, ambos, parte do eterno. Seu corpo físico acabará por morrer, mas seu *eu* espiritual é imortal. Com a ajuda de Gabriel, você pode realizar qualquer coisa.

Antes de se levantar, visualize o círculo de objetos laranja ao seu redor. Permita-se sentir a energia deles e perceba que agora você está purificado e restaurado na mente, no corpo e na alma. Mentalmente, deixe que um círculo de luz branca desça e embeba cada uma das células de seu corpo. Isso ajuda a equilibrar o corpo, no caso de você ter absorvido qualquer cor em demasia. Agradeça a Gabriel por sua ajuda. Respire profundamente três vezes, bem devagar, e abra os olhos.

Você pode se sentir ligeiramente tonto após esse exercício. Se esse for o caso, toque o chão, abrace uma árvore ou fique com seu cristal na mão por alguns minutos até acalmar-se e relaxar-se. Quando estiver pronto, continue seu dia.

O chacra da sobrancelha

Gabriel também é responsável pelo chacra da sobrancelha, conhecido como o terceiro olho ou chacra da consciência de Cristo. No Oriente ele é chamado *ajna*, que é a palavra sânscrita para "perceber". O chacra da sobrancelha é seu centro psíquico. Gabriel o ajudará a abrir seu terceiro olho e conquistar uma visão e uma percepção maiores. Ele o ajudará a desenvolver seus dons de telepatia, clarividência e precognição. Também pode oferecer orientação regular por meio desse chacra.

Você precisará subir ou sentar-se em uma cadeira de espaldar reto para este exercício. Algumas pessoas preferem repousar a espinha nas costas da cadeira, enquanto outras acham melhor sentar-se na pontinha do assento. O importante é que sua espinha esteja reta durante a realização do exercício.

Feche os olhos e respire vagarosamente por três vezes. Cada expiração deve soar como um suspiro. Rodeie-se mentalmente em pura luz branca e usufrua da sensação de calor, segurança e proteção que ela lhe traz. Visualize um pequeno orbe de energia violeta descendo dos céus e entrando no corpo pela nuca. Sinta que ela se instala no centro de sua cabeça, na região do chacra da sobrancelha. Sinta-a enriquecendo e fortalecendo esse chacra, enchendo-o de pura luz e energia violeta.

Quando se sentir pronto, peça a Gabriel que se junte a você. Agradeça-lhe por todas as bênçãos que ele lhe deu e peça-lhe para ajudá-lo a desenvolver sua consciência intuitiva. Você sentirá a resposta em seu chacra da sobrancelha.

Depois de receber uma resposta positiva, esfregue as mãos uma na outra por 30 segundos e coloque-as sobre os olhos. Nesse momento, eles ainda estarão fechados. Depois de 30 segundos, abra os olhos e retire vagarosamente as mãos. Você verá a luz branca em volta de si. Talvez veja até mesmo Gabriel. O mais provável é que tenha uma sensação em seu terceiro olho. Será uma consciência de que agora você pode ver muito além do mero mundo físico e de que tem acesso a percepções e intuições adicionais sempre que desejar.

Feche novamente os olhos e concentre-se em seu chacra da sobrancelha. Pense em algo que fará na próxima semana, mais ou menos. Idealmente, deve ser uma atividade agradável. Viva toda a experiência nos olhos de sua mente, com tudo acontecendo exatamente da maneira como você gostaria.

Depois de atravessar esse roteiro, deixe que ele se desfaça e volte a concentrar sua atenção no presente. Visualize uma corrente de luz branca entrando no alto de sua cabeça e passando por todos os chacras, lavando-os e purificando-os. Agradeça a Gabriel pelos dons da visão, clareza, clarividência e precognição. Agradeça-lhe por sua boa vontade em ajudá-lo a interpretar suas visões, sonhos e percepções psíquicas. Finalmente, agradeça-lhe por seu apoio contínuo.

Quando se sentir pronto, abra os olhos. Espere alguns minutos até se familiarizar com o mundo cotidiano e continue seu dia.

Repita esse exercício com tanta frequência quanto desejar. Preste atenção especial ao acontecimento futuro visualizado por você e veja se tudo acontece exatamente como na meditação. Sua exatidão vai aumentar cada vez que realizar este exercício.

No próximo capítulo veremos o papel de Gabriel na Cabala. A Árvore da Vida da Cabala é um símbolo que liga Deus, a humanidade, os anjos e outros seres. Os quatro arcanjos têm nela um papel importante.

Capítulo Dez

Gabriel e a Árvore da Vida

A *Cabala* é um sistema esotérico do misticismo judaico que foi criado para a obtenção de conhecimento sobre Deus. A palavra Cabala vem do hebraico e significa "aquilo que é recebido". Ninguém sabe onde ela começou, embora a tradição traga dois intrigantes relatos sobre sua origem. A versão que prefiro conta que a Cabala foi dada a Adão no Jardim do Éden pelo arcanjo Gabriel. A segunda versão diz que ela foi dada a Moisés pelo arcanjo Metatron. A informação original vem do reino angelical em ambos os relatos, mas, infelizmente, nenhuma das histórias está correta. A Cabala derivou-se de uma tradição oral chamada *Merkava*, que remonta ao século I d.C., relacionada à contemplação do divino trono ou carruagem (Merkava) visto pelo profeta Ezequiel em sua visão (Ezequiel 1:1-28).

Em algum momento entre os séculos III e VI, surgiu um livro chamado *Sefer Yetzirah* ou *Livro da Formação*. Esse livro ensinava que a criação ocorrera quando dez emanações chamadas sefiroth misturaram-se com as 22 letras do alfabeto hebraico. Elas eram chamadas *32 caminhos da sabedoria secreta* e, juntas, formam o que é conhecido como Árvore da Vida. Surpreendentemente, esse simples diagrama consegue simbolizar todo o Universo.

A Árvore da Vida consiste em dez sefiroth, ou esferas, com 22 caminhos ou linhas que as ligam. "Sefiroth" (ou "sefirah", no singular) vem de uma palavra hebraica que significa safira; presume-se que ela tenha sido escolhida para demonstrar a glória e a radiância de Deus. As dez esferas representam estados do ser, enquanto os 22 caminhos simbolizam estados de tornar-se. A simbologia da Árvore da Vida gradualmente evoluiu e desenvolveu-se ao longo dos séculos, tendo aparecido pela primeira vez em sua forma definitiva em 1652. A árvore tem três pilares. No lado esquerdo fica o Pilar da Severidade, que é passivo e negativo por natureza. À direita, está o Pilar da Misericórdia, que é positivo e ativo. O pilar central é o Caminho do Meio, ou o equilíbrio. Ele representa um caminho ao longo da vida que reconhece os dois extremos, mas recusa-se a se entregar a um deles.

Cada sefirah tem um conjunto particular de associações:

1. *Kether*, a Coroa. Arcanjo: Metatron, Anjo da presença. Mundo angélico mais elevado: Deus. Planeta: Urano. Zodíaco: Aquário. Pedra: Diamante.
2. *Chokmah*, Sabedoria. Arcanjo: Raziel, Arauto de Deus. Mundo angélico mais elevado: Serafim. Planeta: Plutão. Zodíaco: Escorpião. Pedra: Turquesa. O grande pai.
3. *Binah*, Compreensão. Arcanjo: Tzafquiel, Preocupação de Deus. Mundo angélico mais elevado: Querubim. Planeta: Netuno. Zodíaco: Peixes. Pedra: Pérola. A grande mãe.
4. *Chesed*, Misericórdia. Arcanjo: Tzadquiel, Justiça de Deus. Mundo angélico mais elevado: Tronos. Planeta: Júpiter. Zodíaco: Sagitário. Pedra: Safira.
5. *Geburah*, Força. Arcanjo: Camael, Severidade de Deus. Mundo angélico mais elevado: Domínios. Planeta: Marte. Zodíaco: Áries. Pedra: Rubi.
6. *Tifareth*, Beleza. Arcanjo: Miguel, Semelhante a Deus (intercambiável com Rafael, Curandeiro de Deus). Mundo angélico mais elevado: Virtudes. Planeta: Sol. Zodíaco: Leão. Pedra: Topázio.
7. *Netzach*, Vitória. Arcanjo: Haniel, Prazer de Deus (intercambiável com Uriel, Luz de Deus). Mundo angélico mais elevado: Poderes. Planeta: Vênus. Zodíaco: Touro e Libra. Pedra: Esmeralda.
8. *Hod*, Esplendor. Arcanjo: Miguel, Semelhante a Deus (intercambiável com Rafael, Curandeiro de Deus). Mundo angélico mais elevado: Principados. Planeta: Mercúrio. Zodíaco: Gêmeos e Virgem. Pedra: Opala.

9. *Yesod*, Fundamento. Arcanjo: Gabriel, Força de Deus. Mundo angélico mais elevado: Arcanjos. Planeta: Lua. Zodíaco: Câncer. Pedra: Quartzo.
10. *Malkuth*, Reino. Arcanjo: Sandalfon, Príncipe do Mundo na Terra. Mundo angélico mais elevado: Anjos. Planeta: Saturno. Zodíaco: Capricórnio. Pedra: Cristal de rocha.

Para complicar as coisas ainda mais, cada sefirah existe simultaneamente em quatro mundos diferentes. Há o mundo de Assiah, ou o mundo material e físico em que todos vivemos. O elemento de Assiah, naturalmente, é a terra. Yetzirah, o mundo da formação, fica um nível mais alto e é o reino dos anjos. Seu elemento é o ar. Briah é o mundo criativo, receptivo, e é o lar dos arcanjos. Seu elemento é a água. Finalmente, Atziluth, o mundo arquétipo, é a morada de Deus. Seu elemento é o fogo.

O fato de esses quatro mundos existirem em cada uma das sefiroth é importante. Isso significa que anjos, arcanjos e Deus podem ser encontrados em Malkuth, na parte de baixo da Árvore da Vida, exatamente como estão em Kether, a sefirah mais elevada.

A Ordem Hermética da Aurora Dourada atribuiu as cores correspondentes a cada um dos quatro mundos:

Atziluth

1. Kether, a Coroa: Brilho
2. Chokmah, Sabedoria: Azul-celeste
3. Binah, Compreensão: Carmim
4. Chesed, Misericórdia: Violeta profundo
5. Geburah, Força: Laranja
6. Tifareth, Beleza: Rosa-claro
7. Netzach, Vitória: Âmbar
8. Hod, Esplendor: Violeta
9. Yesod, Fundamento: Índigo
10. Malkuth, Reino: Amarelo

Briah

1. Kether, a Coroa: Brilho branco
2. Chokmah, Sabedoria: Cinza
3. Binah, Compreensão: Preto
4. Chesed, Misericórdia: Azul
5. Geburah, Força: Escarlate
6. Tifareth, Beleza: Amarelo
7. Netzach, Vitória: Esmeralda
8. Hod, Esplendor: Laranja
9. Yesod, Fundamento: Violeta
10. Malkuth, Reino: Citrino

Yetzirah

1. Kether, a Coroa: Brilho Branco
2. Chokmah, Sabedoria: Cinza madrepérola
3. Binah, Compreensão: Marrom
4. Chesed, Misericórdia: Roxo profundo
5. Geburah, Força: Escarlate brilhante
6. Tifareth, Beleza: Salmão
7. Netzach, Vitória: Verde-amarelado
8. Hod, Esplendor: Castanho-avermelhado
9. Yesod, Fundamento: Roxo profundo
10. Malkuth, Reino: Citrino dourado salpicado de preto

Assiah

1. Kether, a Coroa: Dourado salpicado de branco
2. Chokmah, Sabedoria: Vermelho salpicado de branco
3. Binah, Compreensão: Rosa salpicado de cinza
4. Chesed, Misericórdia: Amarelo salpicado de azul-cobalto
5. Geburah, Força: Preto salpicado de vermelho

6. Tifareth, Beleza: Âmbar dourado
7. Netzach, Vitória: Dourado salpicado de verde-oliva
8. Hod, Esplendor: Branco salpicado de marrom-amarelado
9. Yesod, Fundamento: Azul-cobalto salpicado de citrino
10. Malkuth, Reino: Amarelo listado de preto

As tábuas faiscantes

Na filosofia cabalística, tudo se origina em um estado não manifesto que está além da compreensão humana. Desse vazio negativo vêm as dez sefiroth positivas, ou os dez estados do ser. Cada sefirah está ligada a todas as outras, mas também é única e completa em si mesma.

O momento da criação pode ser visualizado como a energia divina descendo pela Árvore da Vida de Kether até Malkuth em um ziguezague, conhecido como Espada Flamejante ou Relâmpago.

Desse Relâmpago original vieram as Tábuas Faiscantes, usadas para a meditação. Elas usam cores complementares que criam uma ilusão de ótica, parecendo "faiscar" diante dos olhos.

Essas Tábuas são normalmente fabricadas para ajudar as pessoas a ter acesso às energias das sefiroth. Porém, ao fazer uma Tábua que represente as energias de Yesod, que é regida por Gabriel, também obtemos acesso instantâneo a ele e à sua energia divina.

Para isso, você precisará de uma folha de papelão, com mais ou menos 22 por 28 centímetros. Faça ali um desenho que lhe seja agradável. De certo modo, esse é um tipo de mandala; pode-se começar com um círculo e criar um desenho dentro dele. Uma forma com nove lados pode ser inscrita em um quadrado, porque Yesod é a nona sefirah. Porém, você pode escolher o que quiser. Faça um desenho razoavelmente simples, já que o estágio seguinte é colori-lo. Depois de fazer o desenho, use uma caneta hidrográfica violeta para pintar mais ou menos metade dele. Violeta é usado por ser a cor de Briah (lar dos arcanjos) em Yesod. Use uma caneta hidrográfica citrino ou amarelo-claro para pintar o restante. Citrino é a cor de Assiah, ou do mundo material, em Yesod. Se preferir, você pode usar uma Tábua Faiscante tirada de um livro, como *Western Mandalas of Transformation*, de Soror A.L.[60]

Terminada a tábua, ela precisa ser carregada e consagrada, ficando dessa forma purificada para o uso. O melhor momento para consagrar qualquer implemento mágico feito para melhorar sua relação com Gabriel é durante a Lua cheia. Se possível, realize a consagração ao ar livre, sob o luar. Ela também pode ser feita dentro de casa, próximo a uma janela de onde se veja a Lua.

Os quatro elementos são usados na consagração. Você precisará de um pouco de sal, ou terra fresca, para simbolizar o elemento terra, um copo de água para o elemento água, incenso para o ar e uma vela branca ou violeta para o fogo (use tantas quantas quiser).

Arrume esses objetos diante de você e acenda a vela e o incenso. Segure a tábua em direção à Lua, deixando que o luar a banhe. Coloque-o, em seguida, à sua frente e peça a Gabriel que o abençoe. Espere até sentir uma resposta. Então diga em voz alta: "Abençoo você com a energia da terra". Salpique um pouquinho de sal, ou terra, sobre a tábua. "Abençoo você com a energia da água." Mergulhe um dedo no copo de água e deixe que uma ou duas gota caiam sobre a tábua. "Abençoo você com a energia do fogo." Pegue a tábua e passe-a em torno da chama da vela em um círculo no sentido horário. "Abençoo você com a energia do ar." Passe a tábua pela fumaça que vem do incenso.

Segure novamente a tábua sob a luz da Lua e diga: "Obrigado (Deus, energia universal ou quem quer que você deseje agradecer), por me permitir consagrar e purificar esta Tábua Faiscante. Dedico essa Tábua ao arcanjo Gabriel. Ela será usada somente para o bem e me ajudará a manter um relacionamento constante e estreito com Gabriel". Pouse a Tábua e olhe para a Lua. "Obrigado, Gabriel, por estar sempre comigo".

Agora a Tábua está consagrada e pronta para usar. O ritual terminou e os implementos precisam ser guardados com cuidado. Quando faço algo desse tipo, costumo deixar o incenso e a vela queimarem mais um pouco.

---

60. Soror A. L., *Western Mandalas of Transformation* (St. Paul, MN: Llewellyn Publications, 1996). Esse livro traz instruções detalhadas sobre a confecção de Tábuas Faiscantes e inclui também uma ilustração em cores da Tábua Faiscante de Yesod/Lua.

Coloque a Tábua no nível dos olhos e sente-se confortavelmente a alguns palmos de distância dela. Feche os olhos e visualize a si mesmo rodeado por uma luz branca protetora. Olhe direto para o centro da folha de papelão. Você se concentrará naturalmente na cor violeta. Não mova o olhar para outras partes do desenho. Permaneça concentrado no centro, mesmo se seus olhos ficarem cansados. Depois de um ou dois minutos, os músculos dos olhos vão relaxar e o citrino se tornará a cor dominante. Quando isso acontecer, as duas cores começarão a bruxulear e você compreenderá porque se diz que a Tábua é "faiscante".

Se o efeito de faiscar não começar em alguns minutos, feche os olhos. Você verá mentalmente uma imagem persistente do citrino (a cor oposta àquela em que estava concentrado). Se isso não acontecer, abra os olhos e olhe novamente o desenho por 30 segundos e veja o que ocorre. Se mesmo assim não tiver sucesso, experimente sentar-se um pouco mais perto e, se necessário, um pouco mais longe da tábua.

Depois de receber o faiscamento, você terá dificuldades em se manter concentrado. Continue olhando para o desenho, com a mente em um estado relaxado e contemplativo. Depois de alguns minutos, seus olhos se sentirão cansados e fecharão sozinhos. Você ainda verá a Tábua em sua mente. Visualize-a chegando cada vez mais perto até que ela finalmente o absorva e você esteja totalmente rodeado por ela.

Agora você está dentro de Yesod e pode começar a falar com Gabriel. Seu sentido de clarividência, unido à magia da Tábua Faiscante, e o fato de ter entrado em Yesod o capacitarão a ter um encontro notavelmente próximo com Gabriel. Você pode até mesmo vê-lo. Se o vir, talvez pense que tem uma aparência diferente do que imaginara. Em Yesod, o elemento é a água e a correspondência planetária é a Lua. Ambas são femininas, uma das razões para eu chamar Gabriel por vezes de "ela" neste livro.* Dentro de Yesod, você poderá ter uma conversa detalhada e profunda com ele em questão de segundos. Será possível sentir o desejo dele de ajudá-lo a encontrar sua vocação e ele pode lhe dar sugestões a esse respeito.

---

* N.T.: Na versão original, em inglês, o autor chama Gabriel de "ela", o que não foi mantido na tradução para se preservar a coerência com a tradição.

Quando a conversa terminar, Gabriel gradualmente desaparecerá e a imagem da Tábua se enfraquecerá em sua mente. Familiarize-se com seu ambiente novamente e abra os olhos.

Os membros da Aurora Dourada usavam essas Tábuas para desenvolver seus poderes de clarividência e para obter acesso à sefirah em particular representada pela Tábua. Feito isso, eles invocavam o poder da sefirah e pediam a força para realizar um dado objetivo. Usamos apenas uma das tábuas para obter uma ligação mais próxima com Gabriel. Você provavelmente descobrirá, depois de usá-la por algum tempo, que teve valiosas inspirações a respeito de Yesod e que quer estudar mais a Cabala e a Árvore da Vida.[61]

Sua Tábua Faiscante foi consagrada e você tem o dever de cuidar dela. Ela pode ser pendurada na parede para ser vista várias vezes por dia. Se o fizer, ela também será uma afirmação silenciosa daquilo que você está fazendo e ajudará a mantê-lo em constante contato com Gabriel. Todavia, como sua tábua foi consagrada e precisa ser respeitada, talvez seja melhor guardá-la com cuidado quando não estiver sendo usada.

Se em qualquer momento você quiser se desfazer dela, por qualquer razão, é preciso remover a consagração da Tábua. Coloque-a em seu altar ou mesa. Fique de frente para leste, com um braço esticado diante de você. Diga em voz alta: "Que o poderoso arcanjo Gabriel abençoe-me e proteja-me de qualquer mal que venha do leste".

Com o braço ainda esticado, vire o rosto para o sul. "Que o poderoso arcanjo Gabriel abençoe-me e proteja-me de qualquer mal que venha do sul."

Vire-se para oeste. "Que o poderoso arcanjo Gabriel abençoe-me e proteja-me de qualquer mal que venha do oeste."

Volte-se para o norte. "Que o poderoso arcanjo Gabriel abençoe-me e proteja-me de qualquer mal que venha do norte."

Apanhe a Tábua e mostre-a às quatro direções, começando pelo leste. Depois disso, coloque-a de volta no altar e fale com ela. Agradeça-lhe solenemente pela ajuda que lhe trouxe. Explique por que

---

61. Há milhares de livros disponíveis sobre a Cabala. Porém, se você realmente for iniciante no assunto, há dois que recomendo especialmente. São eles: *Magic of Qabalah: Visions of the Tree of Life*, de Kala Trobe (St. Paul, MN: Llewellyn Publications, 2001), e *The Chicken Qabalah of Rabbi Lamed Ben Clifford*, de Lon Milo Duquette (York Beach, ME: Weiser Books, 2001).

está removendo a consagração. Talvez você tenha feito uma nova Tábua ou encontrado um jeito melhor ou mais fácil de se comunicar com Gabriel. Talvez você simplesmente não tenha gostado de trabalhar com Tábuas Faiscantes. Não importa qual seja a razão, você deve explicá-la à Tábua.

Finalmente, agradeça aos arcanjos em ordem inversa, começando com Uriel a norte, seguido por Gabriel, Miguel e Rafael. Agora a Tábua está desconsagrada e você pode queimá-la ou se desfazer dela de qualquer outro modo que lhe pareça correto.

Capítulo Onze

Conclusão

Gabriel sempre foi um dos arcanjos mais populares. Isso se deve à sua natureza feminina, carinhosa e intuitiva. Porém, ele é tão forte e poderoso quanto os outros. Orígenes chamava-o de "anjo da guerra" em *De principis* 1:81. Em sua carreira, ele foi um anjo de vingança e morte e também o anjo da Anunciação e da Ressurreição. Na lenda judaica, foi Gabriel quem destruiu Sodoma e Gomorra. Porém, foi ele também quem inspirou Joana d'Arc a sair em auxílio do rei da França e a ajudar o Delfim.

Normalmente, pensamos em Gabriel como o mensageiro de Deus. Porém, é de igual importância seu papel como embaixador da raça humana. Por causa disso, ele deseja ajudá-lo em qualquer momento. Porém, você também deve fazer a sua parte. Precisa trabalhar com diligência na resolução de seus próprios problemas. Na maioria das vezes, a ajuda de Gabriel não será necessária. Ele só deve ser chamado se você tiver um problema demasiadamente difícil para resolver sozinho.

Naturalmente, você deve invocá-lo se precisar de orientação. Mas o assunto precisa ser importante. Não se deve chamar Gabriel para decidir que filme ir ver no sábado. É bem diferente se você tiver uma proposta de emprego em outra cidade e não tem certeza se deve ou não aceitar a oferta.

Purificação é outra área em que Gabriel pode ser de imensa ajuda. Se, por qualquer razão, você necessitar de purificação, não hesite em pedir o auxílio de Gabriel.

Os principais benefícios de um relacionamento próximo com Gabriel são as percepções, visões, inspiração, clarividência e profecia que ele concederá de boa vontade.

Fazer contato com Gabriel será benéfico em todos os aspectos de sua vida. Você se sentirá mais confiante, capaz e consciente de cada aspecto de sua vida assim que conseguir conhecê-lo. Espero que este livro tenha ajudado na busca e que a experimentação com as ideias e exercícios ajude-o a obter um relacionamento próximo, terno e íntimo com Gabriel e com todo o reino angelical.

Que os anjos o abençoem e rodeiem-no com bondade e amor em todos os momentos.

Sugestões de Leitura

ALI, Maulana Muhammad. *The Religion of Islam: A Comprehensive Discussion of the Sources, Principles and Practices of Islam*. United Arab Republic: National Publication and Printing House (s. d.).

BRINNER, William M. e RICKS, Stephen D. (Editores). *Studies in Islamic and Judaic Traditions*. Atlanta, GA: Scholars Press, 1986.

CORTENS, Theolyn. *Living with angels: Bringing Angels into your Everyday Life*. London: Judy Piatkus (Editores) Limited, 2003.

CUNNINGHAM, Scott. *The Complete Book of Incense, Oils and Brews*. St. Paul, MN: Llewellyn Publications, 1989.

DAVIDSON, Gustav. *A Dictionary of Angels: Including the Fallen Angels*. New York: The Free Press, 1967.

DICKASON, C. Fred. *Angels Elect and Evil*. Chicago, IL: Moody Press, 1975.

GARRETT, Duane A. *Angels and the New Spirituality*. Nashville, TN: Broadman and Holman Publishers, 1995.

GINZBERG, Louis (trad. por Szold, Henrietta). *The Legends of the Jews* (7 volumes). Philadelphia, PA: The Jewish Publication Society of America, 1925-1938.

GRAHAM, Billy. *Angels*. Dallas: Word Publishing, 1975.

JUDITH, Anodea. *Wheels of Life: A User's Guide to the Chakra System*. St. Paul, MN: Llewellyn Publications, 1987.

KABBANI, Shaykh Muhammad Hisham. *Angels Unveiled: A Sufi Perspective*. Chicago, IL: Kazi Publications, Inc., 1995.

MACGREGOR, Geddes. *Angels: Ministers of Grace*. New York: Paragon House Publishers, 1988.

MCLEAN, Adam (editor). *A Treatise on Angel Magic: Being a Complete Transcription of Ms. Harley 6482 in the British Library*. Grand Rapids, MI: Phanes Press, 1990.

MAGUIRE, Henry (editor), *Byzantine Magic*. Washington, D.C.: Dumbarton Oaks Research Library and Collection, 1995.

SCHOLEM, Gershom G. (trad. por Manheim, Ralph), *On the Kabbalah and its Symbolism*. New York: Schocken Books, 1965.

SITCHIN, Zecharia. *Divine Encounters: A Guide to Visions, Angels and Other Emissaries*. New York: Avon Books, 1996.

SOROR A. L. *Western Mandalas of Transformation*. St. Paul, MN: Llewellyn Publications, 1996.

TYSON, Donald. *Scrying for Beginners*. St. Paul, MN: Llewellyn Publications, 1997.

WEBSTER, Richard. *Spirit Guides and Angel Guardians*. St. Paul, MN: Llewellyn Publications, 1998.

————. *Pendulum Magic for Beginners*. St. Paul, MN: Llewellyn Publications, 2002.

Índice Remissivo

A

Aarão: 79
Abraão: 11, 21, 22
Adão: 127
Água: 24, 25, 80, 82, 84, 87, 89, 90, 91, 92, 93, 94, 95, 96, 97, 98, 99, 100, 101, 102, 103, 105, 108, 112, 118, 123, 129, 132, 133
Água-marinha: 89, 108
Alá: 21
Alexandre, o Grande: 19, 70, 105
Amenti, Salões de: 79
Amuleto: 70, 77, 106, 107
Aniel: 23
Anjo da guarda: 13, 14, 97
Anjos caídos: 25
Antônio, Marco: 110
Anunciação: 15, 18, 19, 26, 27, 28, 137
Apócrifos: 17
Aquino, São Tomé de: 14
Ar: 24, 25, 36, 42, 44, 52, 129, 132
Arabot: 24
Arcanjos: 13, 14, 15, 17, 24, 25, 40, 41, 45, 46, 55, 60, 61, 63, 66, 106, 118, 119, 126, 129, 131, 135, 137
Aristóteles: 88

Árvore da Vida: 45, 126, 127, 129, 131, 134
Assiah: 129, 130
Atziluth: 129
Aurora Dourada, Ordem Hermética da: 129, 134
Azrael: 67

B

Banho de ervas: 84
Baqli, Sufi Ruzbehan: 22
Bartolommeo, Fra: 26
Bastões aromáticos: 80
Beugnot, Conde: 92
Blake, William: 29
Bolsa de Gabriel: 76, 77, 84
Briah: 129, 130, 131
Buda: 65
Byg, William: 91

C

Cabala: 23, 126, 127, 134
Café: 22, 83
Cagliostro, Conde: 92
Calcedônia: 89, 109
Calcita: 77, 106, 121

Cântico de Salomão: 26
Cardeal de Rohan: 92
Catedral de York: 91
Centro de Gabriel: 35, 36
Chacras: 116, 117, 120, 121, 122, 126
Cilicomancia: 90
Cíngulo: 71, 72, 73, 74, 77

Consagração: 132, 134, 135
Consciência Divina: 41
Corão: 18, 20, 69, 111
Cristais: 77, 103, 105, 106, 112, 113

D

Damáscius: 90
Daniel: 18, 19, 29
Dionísio: 13, 14
Divinação: 89, 91, 92, 93, 94, 95, 96, 97, 99
Divinação nas ondas: 96
Donald Tyson: 97
Dr. John Dee: 27
Dubiel: 24, 25

E

Emanuel Swedenborg: 14
Empédocles: 87
Enoque: 24, 25
Equilíbrio dos chacras: 120
Escada das bruxas: 72, 73, 74, 75
Escrita automática: 95
Estaurolita: 105

F

Firdausi, Abolgassem: 90
Flores: 26, 82, 86
Fogo: 23, 24, 25, 87, 88, 96, 118, 129, 132

G

Gabriel: 11, 15, 17, 18, 19, 20, 21, 22, 23, 24, 25, 26, 27, 28, 29, 30, 31, 32, 33, 34, 35, 36, 37, 38, 39, 40, 41, 42, 43, 44, 45, 46, 47, 49, 52, 53, 54, 55, 56, 57, 58, 59, 60, 61, 63, 64, 66, 67, 69, 71, 73, 74, 75, 76, 77, 79, 81, 82, 83, 84, 86, 87, 89, 92, 93, 94, 95, 98, 99, 100, 101, 102, 103, 105, 106, 107, 108, 109, 111, 112, 113, 114, 115, 116, 117, 118,
Gomorra: 25, 137

H

Hierarquias Celestiais: 13

I

Incenso: 36, 79, 80, 81, 82, 132
Inspiração: 37, 42, 43, 44, 65, 76, 77, 83, 89, 108, 109, 113, 122, 137
Intuição: 15, 29, 51, 58, 59, 82, 84, 93, 107, 109
Iolita: 77
Islã: 21

J

Jardim do Éden: 127
Jeová: 24
Jesus Cristo: 12, 18, 19
Joana d'Arc: 20, 58, 137
João Batista: 18, 26
Jofiel: 118, 119
John Milton: 25, 27
Josué: 28

Juízo Final: 20, 26, 27
Júpiter: 23, 128

K

Kafziel: 23

L

Lápis-lazúli: 77, 106, 107
Leonardo da Vinci: 26
Leste: 25, 40, 89, 134
Lírio: 26, 81, 82, 86
Lua: 22, 23, 24, 81, 82, 86, 98, 99, 102, 103, 109, 111, 112, 129, 132, 133

M

Magia da xícara: 101
Magia do brejo: 99
Magia do cordão: 67, 69
Makon: 24
Maomé: 20, 21, 22, 69
Marte: 23, 128
Meca: 21
Meditação: 37, 65, 96, 100, 113, 126, 131
Medo: 29, 30, 100
Mercúrio: 23, 88, 128
Merkava: 127
Metatron: 45, 127, 128
Miguel: 15, 17, 20, 21, 23, 24, 25, 40, 41, 45, 88, 106, 118, 119, 128, 135
Moisés: 21, 22, 23, 25, 79, 127
Mudra: 64, 65

N

Nascentes oraculares: 91
Nascimento: 12, 13, 18, 28, 49, 50

Nó de Gabriel: 76
Nó górdio: 70
Noé: 20
Norte: 23, 25, 88, 111, 134, 135
Numerologia: 49

O

Oeste: 25, 29, 89, 134
Óleo de unção: 79
Óleo essencial: 82
Oração: 18, 19, 21, 45, 46, 65
Oráculo de Apolo Thyrxeus: 91
Orientação: 15, 29, 30, 31, 38, 41, 42, 43, 44, 46, 55, 56, 60, 61, 74, 76, 77, 81, 83, 108, 109, 111, 113, 125, 137

P

Pausânias: 91
Pedra Negra da Caaba: 21
Pêndulo: 120, 121, 122
Perfume: 79, 80, 86
Pérola: 110, 128
Planos de Expressão: 49
Plínio, o Velho: 106, 110
Poço das Donzelas: 91
Poços do desejo: 98, 99
Pomânderes: 85
Porter, Cole: 20
Pout-pourri: 83, 84
Purificação: 29, 32, 38, 39, 43, 44, 57, 75, 81, 83, 85, 107, 109, 110, 111, 115, 116, 122, 137

Q

Quartzo: 88, 106, 109, 129
Quatro elementos: 25, 87, 88, 132
Querubim: 13, 128

R

Rafael: 13, 15, 17, 23, 25, 26, 40, 41, 45, 89, 118, 128, 135
Rapp, Pai George: 20
Rei Tutancâmon: 69
Reims: 27
Ritual: 36, 39, 40, 41, 42, 43, 45, 46, 58, 59, 60, 61, 63, 64, 65, 66, 75, 79, 81, 82, 85, 86, 103, 123, 124, 132
Rosário: 72, 74

S

Sabonetes: 85, 123
Sachês: 80, 84
Safira: 107, 110, 111, 127, 128
Sais de banho: 84, 85
Samael: 23
Samuel: 12, 118
Saturno: 23, 129
Sefiroth: 127, 129, 131
Selenita: 111
Serafim: 13, 24, 128
Shakespeare, William: 50, 51
Shekinah: 45, 46
Sodoma: 25, 137
Sol: 23, 29, 42, 71, 93, 96, 101, 112, 124, 128
Soror A.L.: 132
Sufi: 22, 140
Sul: 25, 40, 88, 134
Surata: 18, 69
Swettenham, *Sir* Frank: 92

T

Tábua(s) Faiscante(s): 131, 132, 133, 134, 135
Taças de adivinhação: 90
Tanzanita: 77, 111
Tarô: 26, 31
Te Ua Haumene: 20
Temperamento: 49, 50
Templo de Juno Lucina: 70
Tenaro: 91
Teofrasto: 106
Terra 14, 24, 25, 26, 28, 29, 57, 74, 87, 88, 90, 105, 117, 129, 132
Theron Q. Dumont: 64
Tibete: 80
Topázio: 89, 108, 128

U

Uriel: 15, 25, 31, 40, 41, 45, 88, 118, 128, 135

V

Vênus: 23, 128
Virgem Maria: 12, 18, 26, 27, 28, 58

Y

Yetzirah: 127, 129, 130

Z

Zacarias: 18
Zadquiel: 119
Zohar: 23, 26

Impressão Neo Graf